D1996618

Für

Sabine Ditzinger

von Ihrer Pfarrei

Mariä Himmelfahrt

aus Sinzing

Bernhard Reber

Helga Wutz

Dieses Büchlein ist allen gewidmet,
die in unserer Pfarrei leben,
die sich mit unserer Pfarrei verbunden fühlen
und die sich immer wieder auf die Suche machen
nach dem kleinen bisschen „Mehr" im Leben.

Gleichzeitig bedanken wir uns bei allen,
die uns in der Zeit der Tea-Time-Impulse
so tatkräftig unterstützt haben:
angefangen von den Musikern, den Fotografen,
bis hin zu allen, die uns
mit ihren Rückmeldungen zu unseren Tea-Time-Impulsen
immer wieder ermutigt und uns
neuen Ansporn gegeben haben.

Maria Sporrer (Gemeindereferentin)
Bernhard Reber (Pfarrer)

für die
Pfarrei Mariä Himmelfahrt Sinzing

Tea-Time-Impulse

Sinzinger Kirchen spirituell entdecken

FSC
www.fsc.org
MIX
Papier aus verantwortungsvollen Quellen
Paper from responsible sources
FSC® C105338

Bibliografische Information der Deutschen Nationalbibliothek:
Die Deutsche Nationalbibliothek verzeichnet diese Publikation in der Deutschen Nationalbibliografie; detaillierte bibliografische Daten sind im Internet über http://dnb.dnb.de abrufbar.

TWENTYSIX
Eine Marke der Books on Demand GmbH

Herstellung und Verlag:
BoD – Books on Demand, Norderstedt

ISBN: 9783740783099

Fotografien:
Melanie Danhauser, Maria Sporrer, Bernhard Reber, Egon Gröschl

weitere Mitwirkende:
Vijay Vutukuri

Inhalt

Vorwort

Die Fastenzeit 2021 war geprägt von der 2. Corona-Welle. So entwickelte sich diese Zeit zu einer tatsächlichen Krisenzeit, zu einer Zeit zwischen Lockerung und Lockdown, zwischen Hoffen und Bangen.

Schon lange keimte in mir der Gedanke, etwas über unsere Kirchen zu recherchieren oder zu schreiben. Insgesamt gehören drei Kirchen in unser Pfarrgebiet:

die Pfarrkirche Mariä Himmelfahrt in Sinzing, in der sich das meiste unseres kirchlichen Lebens abspielt, erbaut im Jahre 1952,

unsere Alte Kirche Mariä Himmelfahrt in Sinzing, deren erste Fundamente wahrscheinlich bis ins 8./9. Jahrhundert zurückreichen

und schließlich das schöne kleine Kirchlein in Bruckdorf, „Heilig Kreuz", das von Papst Leo IX. im Jahre 1052 geweiht wurde.

Eines samstags abends – der Pfarrer und der Pastoralpraktikant waren gerade beim Gottesdienst – nippte ich an meiner „Kaffee"-Tasse und überlegte: Könnte man das nicht irgendwie kombinieren? Informationen über unsere Kirchen, dazu ein paar ermutigende Worte und Gedanken – und vielleicht auch ein bisschen Entspannung und Erholung in dieser Zeit?

In diesem Moment wurden sie dann „geboren": Die Tea-Time-Impulse. Die Idee war, eine Figur, einen Ort oder einen Gegenstand aus unseren Kirchen vorzustellen, verbunden mit einem ermutigenden Wort oder Impuls. Und dazu sollte es für jede/n Pfarreiangehörige/n einen Teebeutel geben. Denn jeder einzelne Impuls sollte jeweils nur solange dauern, wie eine gute Tasse Tee zum Ziehen benötigt: 3-4 Minuten, so dass man nach jedem kurzen Tea-Time-Clip den Tee genießen kann.

Im Seelsorgeteam besprachen wir nun alles – und Pfarrer Reber stockte von den geplanten wöchentlichen auf tägliche Tea-Time-Impulse auf. Jetzt galt es zu planen: Was brauchen wir alles, wer schreibt was, welche Zeitpläne gibt es, wer könnte die Fotos für uns machen, welche Musiker/-innen können wir ins Boot holen für unsere Youtube-Impulse ...?

Und dann ging es erst so richtig los: Teebeutel wurden besorgt, geklammert und ausgegeben, der erste Text geschrieben, der erste Video-Clip erstellt und ab Aschermittwoch begannen wir auf unserem Youtube-Kanal mit unseren täglichen Tea-Time-Impulsen.

Aus diesen einzelnen Impulsen, die bis zum Weißen Sonntag gingen, ist nun dieses Büchlein entstanden. Wir haben sie in der gleichen Reihenfolge belassen, so wie wir sie erstellt haben, von Aschermittwoch bis zum Weißen Sonntag.

Wir wünschen Ihnen nun viel Freude beim Lesen. Vielleicht mögen Sie sich – bevor sie ein Kapitel lesen – auch eine Tasse Tee aufstellen und ziehen lassen, um sie nach Abschluss des jeweiligen Kapitels zu genießen.

Ihre Maria Sporrer, Gemeindereferentin

in Zusammenarbeit mit Bernhard Reber, Pfarrer

Das Vortragskreuz – Pfarrkirche

(Maria Sporrer)

Gleich zu Beginn möchte ich das Vortragskreuz unserer Pfarrkirche in den Mittelpunkt stellen.

Auf dem Bild, das Sie sehen, wirft dieses Kreuz einen Schatten – so, wie die derzeitige Krise einen Schatten auf unser Leben wirft. Betrachtet man das Kreuz genauer, so sehen wir Jesus mit seinen drei Jüngern auf dem Berg Tabor dargestellt (Mt 17,1-8).

Die Jünger scheinen sich sehr zu fürchten. Sie wenden ihr Gesicht zu Boden. Nur einer hat den Mut, genau hinzuschauen und genau hinzuhören, was gerade passiert.

Können Sie die Jünger Petrus, Johannes und Jakobus gerade auch so gut verstehen? In dieser für uns noch nie dagewesenen Zeit würde ich manchmal auch am liebsten kurz Augen und Ohren verschließen.

Aber dann denke ich doch wieder anders. Dort, wo Schatten auf unser Leben trifft, muss auch irgendwo eine Lichtquelle sein, egal, wie klein sie am Anfang auch sein mag. Aber diese sehe ich nur, wenn ich mich nicht total verkrieche, sondern aufmerksam sein kann für die schönen Dinge im Leben, auch wenn sie zu Beginn noch ganz winzig erscheinen mögen.

Ich lade Sie ein, sich für einen kleinen Moment auf sich selbst zu konzentrieren:

- Wann haben Sie das letzte Mal bewusst so einen schönen Augenblick im Leben wahrgenommen?
- Haben Sie schon einmal daran gedacht, sich feste Zeiten im Alltag einzubauen, um solche Lichtblicke zu genießen?
- Was gehört für Sie zu so einer Lichtquelle im Leben? Vielleicht ein gutes Buch? Ein Spaziergang? Sport? Die Schönheit der Natur?

Unsere Lichtquelle als Christen ist immer auch Jesus Christus. Er ist im Zentrum unseres Kreuzes hell beleuchtet – und streckt die Arme weit aus.

In der Bibelgeschichte, die dargestellt ist, beruhigt er seine Jünger; er sagt zu ihnen: *„Steht auf und fürchtet euch nicht!“ (Mt 17,7b).* Vielleicht mögen Sie sich diese Worte von Jesus auch zusagen lassen: „Steh auf und fürchte dich nicht, ich bin bei dir.“

Das Evangeliar – Pfarrkirche

(Bernhard Reber)

Hier darf ich Ihnen das Evangelienbuch vorstellen. Immer sonntags, aber auch zu besonderen Festtagen, wird aus diesem Buch im Gottesdienst das Evangelium vorgetragen. Im Evangelium verkündet uns Jesus selber das Wort Gottes. Wir hören SEINE frohe Botschaft für uns und unser Leben.

Manchmal meinen wir schon beim Hören der ersten Worte: „Das kenne ich doch schon!“ ... und dann schalten wir ab.

Doch auch wenn das Evangelium noch so bekannt klingt wäre es wichtig, mit offenen Ohren und bereitem Herzen zuzuhören. Es kann ein Wort sein, das mich plötzlich anspricht. Oder ein Gedanke dann in der Predigt, den ich so noch nicht bedacht habe, der aber für mein Leben wichtig werden kann. Manchmal passiert es auch, dass ich einen Abschnitt immer und immer wieder höre, und plötzlich fällt mir eine Nebensächlichkeit auf, die dem ganzen Text eine neue Wendung geben kann.

Tatsächlich: Wenn Christus uns anspricht, dann hat das immer größtes Gewicht. Dann hat er eine gute Botschaft für uns. Manchmal will er mein Leben korrigieren; oder er will mich bestärken; vielleicht auch mich ermutigen; oder er bietet sich mir wieder neu als Bruder, Freund und Wegbegleiter an. Es lohnt sich, dass wir uns das Wort Jesu Christi, niedergeschrieben in den vier Evangelien, zu Herzen nehmen, denn – wie ein Lied aus dem Gotteslob es sagt:

Gottes Wort ist wie Licht in der Nacht;
es hat Hoffnung und Zukunft gebracht;
es gibt Trost, es gibt Halt in Bedrängnis, Not und Ängsten,
ist wie ein Stern in der Dunkelheit.

Text: Pfarrer Hans-Hermann Bittger, Melodie: Kanon für zwei Stimmen
Joseph Jacobsen († 1943) 1935, Textrechte: Bistum Essen
(mit freundlicher Genehmigung)

Darf ich Ihnen zwei Impulse vorschlagen?

- Vielleicht finden Sie Zeit, täglich ein bisschen in einem Evangelium zu lesen. Das Markus-Evangelium bietet sich an, zum einen wird es im Lesejahr B sonn- und feiertags verkündet, zum anderen ist es sehr kurz und leicht zu lesen.
- Vielleicht mögen Sie bei den nächsten Sonntagsgottesdiensten gerade beim Evangelium besonders aufmerksam sein und die versuchte Auslegung in der Predigt für sich bedenken.

Das Herz-Jesu-Fenster – Alte Kirche

(Maria Sporrer)

„Was von Herzen kommt, das geht zu Herzen.“ An dieses Zitat aus England musste ich sofort denken, als ich mich näher mit dem Herz-Jesu-Fenster in unserer Alten Pfarrkirche beschäftigte.

Im Zentrum dieses Fensters steht das Heiligste Herz Jesu. Betrachtet man dieses Herz genauer, so sieht man ein geöffnetes Herz, das einerseits in Flammen steht, andererseits von einer Dornenkrone umwunden ist.

Ich denke, diese Darstellung kann uns vieles über Jesus sagen:

- Zunächst glaube ich, dass sein Herz für uns Menschen „Feuer und Flamme“ ist. Anders kann ich mir seine verzeihende und versöhnende Art, mit der er uns Gottes Liebe immer wieder nahe bringen will, nicht erklären.
- Das geöffnete Herz weist uns einerseits darauf hin, dass Jesus für uns den Kreuzestod erlitten hat, also tatsächlich sein Herz für uns gegeben hat. *„Es gibt keine größere Liebe, als wenn einer sein Leben für seine Freunde hingibt“*, heißt es im Johannesevangelium (Joh 15,39). Andererseits steht sein Herz für alle offen, die zu ihm gehören möchten.
- Wir alle wissen aber auch – und haben vielleicht auch schon einmal diese menschliche Erfahrung gemacht – dass, wenn wir jemanden unser Herz öffnen, wir auch verletzt und enttäuscht werden können. Das hat auch Jesus erfahren. Darauf weist uns die Dornenkrone hin, die das Herz Jesu umfängt.

Ich lade Sie ein, kurz einen Moment dieses Herz zu betrachten.

- Sind Sie sich der bedingungslosen Liebe, die Jesus Ihnen von Herzen schenken will, bewusst?
- Für wen oder was ist Ihr Herz „Feuer und Flamme“?
- Für wen öffnen Sie Ihr Herz? Oder wurde Ihr Herz auch schon einmal verletzt?

All dies dürfen wir Jesus anvertrauen. Er ist der Gott, der unsere menschlichen Erfahrungen kennt. Ihm liegen wir am Herzen. Und ER hat ein offenes Herz für uns.

Die Schutzmantelmadonna – Pfarrkirche

(Maria Sporrer)

Jetzt möchte ich Ihnen eine Figur aus unserer Pfarrkirche vorstellen, die ich persönlich sehr mag. Sie ist eine prägende Figur unserer Pfarrkirche Mariä Himmelfahrt – die Gottesmutter Maria.

Im Gegensatz zu anderen Himmelfahrtspfarreien ist jedoch nicht ihre leibliche Aufnahme in den Himmel dargestellt, sondern sie begegnet uns als Schutzmantelmadonna, die weit ihren Mantel ausbreitet, unter dem alle Menschen, groß und klein, jung und alt, gebildet und einfach, Schutz und Platz finden dürfen.

Diese Gottesmutter-Darstellung wünschten sich Anfang der 50er Jahre, als unsere Kirche gebaut wurde, viele Menschen, die nach dem Krieg flüchten mussten und in Sinzing – unter dem Schutz der Muttergottes – neuen Platz, Schutz und Heimat finden konnten.

Gerade heute in dieser Zeit ist mir diese Darstellung Mariens als unsere himmlische Mutter mit dem Schutzmantel großer Trost und Hilfe. Unzählige Kerzen wurden bei ihr schon entzündet, mit der Bitte, sie möge helfen.

Ich lade Sie ein, sich diese Figur noch einmal genauer zu betrachten. Vielleicht mögen Sie sich auch unter ihren Schutzmantel denken.

- Welche Sorgen und Anliegen möchten Sie gerne zu Maria bringen?
- In welcher Situation möchten Sie sich gerne erst einmal unter ihrem Mantel verstecken, um sich für den Moment aus der Situation herauszunehmen?
- Können Sie sich vorstellen, gestärkt durch ihre mütterliche Liebe und ihren Rückhalt, mit erhobenem Kopf wieder aus dem Schutzmantel hervorzukommen?

Ich wünsche Ihnen, dass Sie durch diese bildliche Vorstellung ein wenig Kraft tanken können für den Alltag. Und vielleicht möchten Sie, wenn Sie später wieder einmal eine Situation stresst, einfach kurz die Augen schließen und sich an diesen sicheren Ort unter Mariens Schutzmantel zurückdenken und Kraft holen.

Der gute Hirte – Pfarrkirche

(Bernhard Reber)

Nun darf ich Sie in unsere Pfarrkirche „entführen“ und mit Ihnen ein bisschen unsere Kanzel betrachten.

Die Kanzel ist bei uns nicht mehr „in Betrieb“. Früher wurde von dort oben das Evangelium verkündet und die Predigt gehalten. Wenn sie auch nicht mehr als liturgischer Ort dient, so zieren die Kanzel dennoch wunderschöne Bilder. In der Mitte der Stirnseite der Kanzel finden wir diese Darstellung des „Guten Hirten“, die ich Ihnen heute ein bisschen näher bringen darf.

Das Bild des guten Hirten begegnet uns in der Bibel öfter. Gott selber wird im Alten Testament als der gute Hirte bezeichnet. Wohl am schönsten im Psalm 23 – der Beter spricht über sein Vertrauen in Gott, den er als seinen guten Hirten bezeichnet. Im Evangelium hören wir dann Jesus dieses Bild auf sich selber übertragen:

„Ich bin der gute Hirt. Der gute Hirt gibt sein Leben hin für die Schafe. Der bezahlte Knecht aber, der nicht Hirt ist und dem die Schafe nicht gehören, sieht den Wolf kommen, lässt die Schafe im Stich und flieht, (...) weil (...) ihm an den Schafen nichts liegt. Ich bin der gute Hirt; ich kenne die Meinen und die Meinen kennen mich. (...) Ich gebe mein Leben hin für die Schafe." (Joh 10,11-15).

Hirten kannten die Menschen damals sehr wohl. Es gab verschiedene Arten von Hirten: die bezahlten Knechte taten halt ihren Job. Aber so richtig viel lag ihnen nicht an den Tieren. Dann gab es jene Hirten, die in erster Linie ihren Profit sahen. Ihnen ging es vor allem um die Wolle und das Fleisch der Tiere.

Ein guter Hirte aber kennt seine Tiere, jedes einzeln. Er weiß um die Bedürfnisse und Vorlieben eines jeden Tieres. Er sorgt für sie, sucht die besten Weideplätze, kümmert sich um frisches Wasser, wehrt Gefahren ab, notfalls unter Einsatz des Lebens. Genau dieser gute Hirte will Jesus für uns sein!

Ich möchte Sie einladen:

- Schenken Sie sich selber diese Zusage: „Jesus, Du bist mein guter Hirte. Du gibst mir, was ich brauche." – Sagen Sie sich diesen Satz mehrmals täglich vor.
- Bringen Sie ihm, was Ihnen besonders am Herzen liegt, was Sie freut und was Sie schmerzt.
- Wenn Sie mal in der Kirche sind – werfen Sie bewusst einen dankbaren Blick zur Kanzel, zum Bild des „Pastor Bonus".

Der Heilige Petrus – Pfarrkirche

(Bernhard Reber)

Auch hier bleiben wir bei der Kanzel und wenden uns der Figur zur Rechten Jesu, des guten Hirten zu, von uns aus gesehen das linke Bild auf unserer Kanzel.

Eine wunderschöne Darstellung des Apostelfürsten Petrus. Wir kennen ihn so wie hier abgebildet, mit dem Schlüssel des Himmelreiches in der Hand. Auf der Darstellung hier in unserer Kirche ist das ein sehr wuchtiger und mächtiger Schlüssel. Genau so wird uns auch Petrus immer vorgestellt. Sein Name lautet ja eigentlich Simon; Jesus hat ihm den Namen „Petrus“, zu Deutsch: „Fels“, verliehen.

Wir hören Jesus im Matthäusevangelium sagen: *„Du bist Petrus, der Fels, und auf diesen Felsen werde ich meine*

Kirche bauen. (...) Ich werde dir die Schlüssel des Himmelreichs geben.“ (Mt 16,18f).

Doch im Grunde war Petrus eine sehr wankelmütige Gestalt. Lesen wir nur ein paar Verse weiter, dann kündigt Jesus sein Leiden und Sterben an. Petrus protestiert und Jesus weist ihn zurecht: *„Weg mit dir, du Satan! Ein Ärgernis bist du mir, denn du hast nicht das im Sinn, was Gott will, sondern was die Menschen wollen." (Mt 16,23).*

Außerdem wissen wir von Petrus auch, dass er Jesus dreimal verleugnet hat (Mt 26,69-75), obwohl er doch vorher großspurig angekündigt hat, er würde mit Jesus sogar in den Tod gehen (Mt 26,35).

Und auch später wird der Apostel Paulus, von dem wir anschließend hören, Petrus auf dem sogenannten „Apostelkonzil" gewaltig den Kopf waschen, weil Petrus sich entgegen der Absprachen wiederum wankelmütig gezeigt hat und dadurch beinahe die Heidenmission in Gefahr gebracht hätte (Gal 2,11).

Tatsächlich, mit Petrus ist es so eine Sache, doch gerade das macht ihn mir so sympathisch!

Vielleicht kennen wir dieses Wankelmütige auch bei uns? Heute so, morgen so ... – Gerne dürfen wir darüber ein bisschen nachdenken, wenn wir den Apostel Petrus anschauen.

Und trotzdem: Jesus gibt dem Petrus diesen großen Schlüssel und den Auftrag zum Felsenmann. Bei allem Versagen – die Liebe Jesu, die Barmherzigkeit Gottes ist viel viel größer.

Welch eine wunderbare Zusage also auch für uns!

Der Heilige Paulus – Pfarrkirche

(Maria Sporrer)

Neben Jesus als dem guten Hirten und dem Heiligen Petrus findet sich noch ein großer Verkünder der frohen Botschaft auf der Vorderseite unserer Kanzel: Der Heilige Paulus. Wir kennen ihn vor allem von seinem Bekehrungserlebnis (Apg 9,1-22) und seinen Briefen an verschiedene Gemeinden, die wir in den Lesungen hören.

Wirklich faszinierend finde ich die Persönlichkeit des Paulus! Er, der uns bekannt ist als der von Jesus berufene Völkerapostel, er, der das Christentum durch seine Missionsreisen nach Europa brachte, er, der durch seinen leidenschaftlichen Einsatz für Jesus viele Gemeinden gründete, er bekennt sich zu etwas, was sich viele Menschen in unserer Leistungsgesellschaft keineswegs eingestehen wollen: Er bekennt sich auch zu seinen Schwächen.

In seinem „Tränenbrief" an die Gemeinde in Korinth gibt er zu, dass ihn das einerseits sehr zu schaffen macht

(2 Kor 2,4). Wenn wir an anderer Stelle lesen, dass ein Mann bei seiner Predigt eingeschlafen ist (Apg 20,9) oder dass die Menschen ihn in Athen nach seiner Predigt verspottet haben (Apg 17,32), ist dies gut nachvollziehbar. Ja, Paulus hatte tatsächlich nicht nur Stärken und sonnige Tage.

Andererseits hat das Paulus nicht aufgehalten – und in diesem Punkt dürfen wir wirklich sehr viel von ihm lernen. Denn Paulus glaubt, dass auch durch seine Schwäche hindurch Gott wirkt! Gott selbst hat ihm dies in einer Vision zugesagt: *„Du brauchst nicht mehr als meine Gnade. Je schwächer du bist, desto stärker erweist sich an dir meine Kraft." (2 Kor 12,9 GNB).*

Das stärkt Paulus ungemein. Er sagt: *„Deswegen bejahe ich alle Ängste ... denn wenn ich schwach bin, bin ich stark." (2 Kor 12,10.).* Gott an seiner Seite zu Wissen gibt ihm die Kraft, um auch die „schwachen" Momente durchzustehen.

Ist das nicht eine wunderbare Erkenntnis? Gott an unserer Seite zu wissen und auf seine Kraft zu bauen, wenn wir schwache Momente haben.

Als ich im Jahr 2014 als Gemeindereferentin ausgesandt wurde, durfte ich mir ein Leitwort aussuchen. Ich wählte ein Paulus-Zitat, dass ich heute mit Ihnen teilen möchte:

„Alles vermag ich durch den, der mir Kraft gibt." (Phil 4,13)

Der Heilige Albertus Magnus – Pfarrkirche

(Maria Sporrer)

Kennen Sie den Ausspruch: „Das ist ja ein Tausendsassa?“ Also ein Mensch mit vielschichtigen Begabungen? Eine bessere Bezeichnung finde ich nicht für den Heiligen, der untrennbar mit der Stadt Regensburg verbunden ist und nach dem Gymnasien, Plätze, Pfarreien und vieles mehr benannt sind: Der Heilige Albertus Magnus. Sein Bild findet man auf der Seite unserer Kanzel in der Pfarrkirche.

Das weist uns schon auf die erste große Begabung hin, die Albertus Magnus hatte. Im 13. Jahrhundert lehrte er als „Magister der Theologie“ an verschiedenen Universitäten und zog Studenten aus ganz Europa an. Eine große Zahl theologischer Schriften wurde von ihm verfasst und diese waren prägend für die Entwicklung des Christentums in Europa. Im Bereich der Philosophie blickte Albert weit über den Tellerrand der damaligen Zeit hinaus. Er setzte sich eingehend mit den Schriften Aristoteles‘ und auch mit jüdischen und arabischen Werken auseinander, obwohl die Kirche selbst diesen nichtchristlichen Denkern noch ablehnend gegenüberstand.

Sein Verhandlungsgeschick und sein Durchsetzungsvermögen veranlassten den Papst, Albert im Jahre 1260 als Bischof des ziemlich herunter gewirtschafteten Bistums Regensburg einzusetzen. Im Jahr 1262 verließ Albert Regensburg, in dem nun wieder einigermaßen geordnete Verhältnisse herrschten.

Theologie, Philosophie, Bischofsamt – soweit würde alles zusammenpassen. Aber noch einer Disziplin widmete sich Albert, was von vielen damals kritisch beäugt wurde und nicht in den kirchlichen Rahmen zu passen schien: Albert forschte ausführlich im Bereich der Naturwissenschaften. Viele seiner Arbeiten waren wegweisend, wie z.B. die erste ausführliche Darstellung der mitteleuropäischen Flora und Fauna!

Kein Wunder, dass Albertus den Beinamen „Magnus“, also „der Große“, erhalten hat, sowie die Titel „Kirchenlehrer“ und „Doctor universalis“. Trotz aller Gelehrtheit blieb er übrigens so bescheiden, dass er nur Bauernschuhe trug, weshalb er in Regensburg den Spitznamen „Bischof Bundschuh“ bekam.

Ein bemerkenswerter Heiliger, der das ein oder andere Mal aus dem „Rahmen“ fiel, der weit über den Tellerrand schaute – und der gerade dadurch neue Wege ebnete.

Der Heilige Johannes Chrysostomus – Pfarrkirche

(Bernhard Reber)

Jetzt möchten wir die Bilder der Kanzel vervollständigen. Bei den Bildern zur Gemeinde hin fehlt noch das rechte, das den Heiligen Johannes Chrysostomus zeigt.

Vielleicht fragen Sie, welchen Bezug denn dieser zu unserer Pfarrkirche hat. Mag sein, weil der Erbauer der Kirche, Johannes Chrysostomus Weber, diesen Namen trug und daher hier „verewigt“ wurde. Aber vor allem ziert er die Kanzel wegen seiner Predigtbegabung.

Johannes, mit dem Beinamen „Chrysostomus“, was zu Deutsch „Goldmund“ bedeutet, gilt als einer der größten Prediger der frühen Kirche.

Johannes wurde um 345 n. Chr. in Antiochia geboren. Wie die Darstellung zeigt, wurde er zunächst Priester, später dann – gegen seinen eigenen Wunsch, aber auf Bitten der Gläubigen und des Papstes – Erzbischof von Konstantinopel.

Eigentlich wollte er Einsiedler und Mönch werden. Er zog sich in die Einsamkeit einer Höhle zurück und lebte dort einige Jahre. Er gönnte sich nur das Minimum an Schlaf und war vor allem mit dem Lesen und dem Studium der Heiligen Schrift befasst. Aus gesundheitlichen Gründen musste er dieses einsame Leben verlassen und wurde Priester und Bischof.

Vor allem war es ihm ein Anliegen, das geistliche Leben der Priester wieder neu zu ordnen. Aber seine besondere und beständige Kritik galt dem luxuriösen Leben von Geistlichen und daher war er besonders in Sorge um die Armen und Schwachen.

Auch gelang es ihm mehrfach, in den kriegerischen Auseinandersetzungen der damaligen Zeit erfolgreich zu Gunsten der Menschen zu verhandeln und so blutiges Unheil für die ihm Anvertrauten abzuwenden.

Kritik an der Staatsobrigkeit brachte ihm zweimal die Verbannung. Bei seinem letzten Weg in die Verbannung starb er im September 407 n. Chr.

Drei wunderbare Sätze von ihm möchte ich Ihnen gerne ans Herz legen:

„Reich ist nicht, wer viel hat, sondern wer wenig braucht – arm ist nicht, wer wenig hat, sondern wer viel begehrt."

„Nichts ist kälter als ein Christ, der sich um das Heil der anderen nicht kümmert."

„Das wahre Glück besteht nicht in dem, was man empfängt, sondern in dem, was man gibt."

Die Apostelleuchter – Pfarrkirche

(Maria Sporrer)

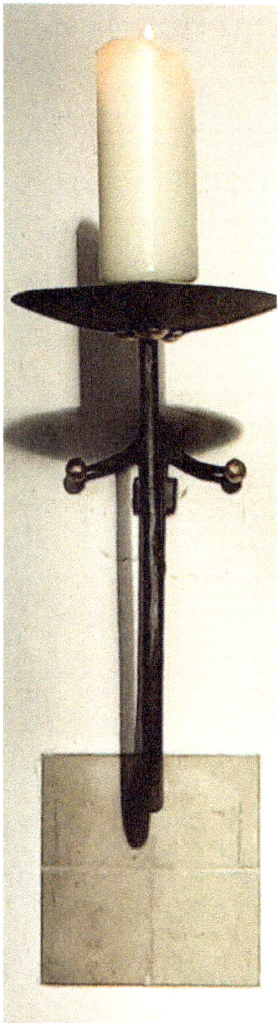

Kennen Sie den alten Schlager: „Gute Freunde kann niemand trennen?“ Vielleicht nicht jedermanns Musikgeschmack. Aber es stimmt: gute Freunde sind sehr wichtig.

Wie sehr uns der Kontakt zu ihnen fehlt, zeigt sich gerade jetzt. Dort, wo derzeit keine persönlichen Begegnungen möglich sind, zeigen viele in Stadien, in Shows oder in der Kirche ihre Verbundenheit durch dazu gefügte Bilder.

All das erinnert mich sehr an einen Gegenstand, oder besser gesagt, an 12 Gegenstände, die man in jeder katholischen Kirche findet: die Apostelleuchter. Wie so ein Platzhalter steht jede dieser einzelnen zwölf Kerzen für einen Freund Jesu. Sie zeigen, wie wichtig diese Verbundenheit der Apostel mit Jesus war und auch heute noch ist. Denn überall dort, wo sich ein katholischer Altar befindet (der für Christus steht), findet man in der Regel auch seine 12 Apostel, symbolisiert durch die Apostelleuchter, bei „ihm“.

Die Freundschaft zwischen Jesus und seinen Jüngern war geprägt von einem großen gegenseitigen Vertrauensverhältnis. Jesus setzte bei seiner Mission auf einfache Fischer

(Mt 4,19), übertrug das Hirtenamt nach seiner Auferstehung Petrus (Joh 21,17), die Apostel ihrerseits verließen alles, um Jesus nachzufolgen (Mt 4,22).

Aber diese Freundschaft wurde auch so manches Mal auf eine harte Probe gestellt: Wir lesen von Zweifeln (Mk 8,33), Rangstreitigkeiten unter den Jüngern (Mk 9,33.34), Unzuverlässigkeit (Mk 14,37) und sogar vom Leugnen der Zugehörigkeit zu Jesus (Mk 14,71).

All das konnte die Freundschaft letztendlich nicht zerstören. Bei wirklich guten Freunden kann man so manches verzeihen und über einiges hinwegsehen.

Vielleicht mögen Sie einen kurzen Moment an Ihre Freunde denken:

- Auf wen können Sie sich verlassen?
- Wer ginge mit Ihnen durch dick und dünn – oder ist mit Ihnen schon durch dick und dünn gegangen?
- Vielleicht erinnern Sie sich auch an ein besonders lustiges Ereignis in dieser Freundschaft?

Nehmen Sie diesen Impuls gerne zum Anlass, sich wieder einmal bei guten Freunden zu melden – oder Ihnen einfach nur „Danke für deine Freundschaft" zu sagen.

Die Rosenkranzmadonna – Hl. Kreuz Bruckdorf

(Bernhard Reber)

In unserer Pfarrgemeinde stehen drei Gotteshäuser:

Neben unserer Pfarrkirche und der Alten Kirche ist in Bruckdorf das wunderschöne Kleinod im Hof der Familie Maag. Die älteste in ihrem ursprünglichen Zustand erhaltene Kirche „Heilig Kreuz", von Papst Leo IX. am 8. Oktober 1052 vom Vogelsang aus eingeweiht.

Auch diese Kirche soll Teil unserer Betrachtungen sein.

Hier darf ich Ihren Blick auf die Rosenkranzmadonna in der Bruckdorfer Kirche lenken.

Sie gehört nicht zur ursprünglichen Ausstattung, sondern wurde anlässlich der 900-Jahr-Feier im Jahre 1952 in die Kirche eingebracht, verbindet aber in gelungener Weise die beiden Seitenaltäre und den Hauptaltar.

Damals war sicher auch eine Überlegung, ein Marienbild in die Kirche zu hängen, wo doch unsere ganze Pfarrgemeinde der Gottesmutter geweiht ist.

Maria hat das Jesuskind auf ihrem Arm. Sieben Engelputten umgeben die Gottesmutter. Wahrscheinlich ein Hinweis auf die sieben Freuden der Gottesmutter (die Verkündigung, die Heimsuchung, die Geburt Jesu, die Anbetung der Weisen, das Wiederauffinden des zwölfjährigen Jesus im Tempel, die Auferstehung Jesu und die Aufnahme Mariens in den Himmel) und die sieben Schmerzen der Gottesmutter (die Weissagung Simeons, die Flucht nach Ägypten, das Verlieren des Zwölfjährigen im Tempel, die Begegnung mit ihrem Sohn auf dem Kreuzweg, das Ausharren unter dem Kreuz, die Kreuzesabnahme und die Grablegung Jesu).

Eingerahmt ist diese Darstellung vom Rosenkranz. Im Rosenkranzgebet betrachten wir mit Maria das Heilsgeschehen, das uns Christus erwirkt hat.

Darf ich Ihnen zwei Impulse mitgeben?

- Freud' und Leid – kennen wir das nicht auch? Wo sind mir diese beiden in letzter Zeit begegnet?
- Vielleicht möchten Sie auch einmal bewusst ein Gesätz des Rosenkranzes beten ... und denken Sie dabei gerne an Menschen, die Ihnen lieb sind.

Kreuzerhöhung – Hl. Kreuz Bruckdorf

(Maria Sporrer)

Auch in diesem Abschnitt möchte ich mit Ihnen wieder unsere Kirche in Bruckdorf betrachten. Genauer gesagt, den Hauptaltar und die beiden Seitenaltäre. Unsere Kirche in Bruckdorf ist mit einer sehr berühmten Kirche auf's Engste verbunden: mit der Grabeskirche in Jerusalem. Sie fragen sich vielleicht, wie das alles zusammenhängt. Nun, der Legende nach fand die zum Christentum gekommene römische Kaiserin Helena im Jahr 326 das Heilige Kreuz Jesu. Helena ist vermutlich auf einem der beiden Seitenaltäre dargestellt. Auf dem anderen Seitenaltar ist dann wohl ihr Sohn Konstantin zu sehen. Konstantin, der als römischer Kaiser den Christen die Religionsfreiheit zusagte und sich schließlich selbst dem Christentum zuwandte, ließ an der Stelle, an der Jesus in

Jerusalem gekreuzigt wurde, die sogenannte Grabeskirche erbauen. Nach ihrer Fertigstellung wurde erstmals am 14. September 335 das von Helena aufgefundene Heilige Kreuz Jesu in der Grabeskirche dem Volk gezeigt. Das Kreuz wurde sozusagen „erhöht“, damit es die Menschen verehren konnten. *„Wenn ich über die Erde erhöht bin, werde ich alle an mich ziehen.“ (Joh 12,32),* so sagte Jesus einst selbst, um seinen Kreuzestod anzudeuten. Und tatsächlich: auch wir verehren ihn heute so, als erhöhten, gekreuzigten Jesus.

Im Gedenken an die Kreuzerhöhung am 14. September 335 feiern wir jährlich am 14. September das Patrozinium der Kirche Hl. Kreuz in Bruckdorf. Ich lade Sie ein, das Kreuz noch einmal zu betrachten. Vielleicht mögen Sie dazu auch dieses Gebet beten:

Herr, ich schaue auf das Kreuz.
Dein Sohn hat es getragen für uns;
er starb für uns und du hast ihn auferweckt.
Im Kreuz ist Heil und Leben.

Herr, ich schaue auf das Kreuz.
Viele Menschen haben heute ihre Kreuze zu tragen.
Die Welt ist voll von Kreuzen: Terror, Hass, Unfrieden,
Ungerechtigkeit, Missgunst, Neid, Hoffnungslosigkeit, Trauer,
Verzweiflung, Not.

Herr, schenke mir Hoffnung und Zuversicht;
das Vertrauen auf deine Verheißung:
Im Kreuz ist Heil, Im Kreuz ist Leben, im Kreuz ist Hoffnung.
Amen.

(nach einem Gebet von Pia Biehl – mit freundlicher Genehmigung)

Kreuzreliquie – Hl. Kreuz Bruckdorf

(Bernhard Reber)

Ich darf Ihnen hier einen sakralen Gegenstand vorstellen, den wir nur selten zu Gesicht bekommen: es ist das kleine Kreuzreliquiar, das zur Bruckdorfer Kirche gehört, aber an einem anderen sicheren Ort aufbewahrt wird. Zu besonderen Gottesdiensten in Bruckdorf wird es mitgebracht und damit den Gläubigen der Segen erteilt.

Im Mittelalter wurden winzige Teile des Kreuzes Jesu Christi in Reliquiaren besonders verehrt. Bruckdorf hatte ein großes Reliquiar, zu dem die Menschen im 17. und 18. Jahrhundert in großen Zahlen pilgerten. Die Pilgergottesdienste mussten im Freien gehalten werden wegen des großen Andrangs. Das große Reliquiar ist in der Säkularisation spurlos verschwunden. Doch das kleine Reliquiar aus dem Jahr 1735 ist noch in unserem Besitz. Darin sind auch Reliquien dreier weiterer Heiliger, jedoch in der Mitte, in einem Kreuz eingegossen, ein winziger Holzsplitter des Kreuzes Jesu Christi. Ob dieser Splitter wirklich vom Originalkreuz

Jesu stammt, bleibt freilich unbewiesen. Wir verehren ihn aber als solchen.

Doch letztlich verehren wir nicht einen Splitter, sondern Jesus Christus, der zu unserem Heil am Kreuz gestorben ist. Und wenn die Gläubigen mit diesem Kreuzsplitter gesegnet werden, dann flüchten sie sich sozusagen unter den Schutz des Kreuzes und des Gekreuzigten.

Gerade in der Fastenzeit verehren wir das Kreuz in besonderer Weise. Wir gehen mit Jesus Christus seinen Kreuzweg und betrachten sein Leiden und Sterben zu unserem Heil.

Ich möchte Sie einladen, sich auch einmal bewusst vor ein Kreuz zu stellen und mit dem Gekreuzigten Zwiesprache zu halten. Vielleicht möchten Sie auch einmal eine Kreuzwegandacht bewusst mitfeiern und daran denken, dass Jesus diesen Weg aus Liebe zu uns Menschen gegangen ist. Lassen Sie sich diese Liebe wieder neu zusagen.

Und im Licht des Kreuzes scheint bereits der Ostermorgen auf: Christus ist durch den Tod am Kreuz ins Leben gegangen; eine Verheißung auch für uns, dass die Kreuze dieser Welt ins Osterlicht der Auferstehung münden.

Der Altar – Pfarrkirche

(Bernhard Reber)

Ich möchte Sie einladen, einen sehr schlichten, aber doch zentralen Ort in unserer Pfarrkirche zu betrachten, den Altar.

Wie gesagt: eine sehr schlichte Darstellung! Ein Tisch aus Bronze, matt vernickelt. Eine Holzplatte, in der Reliquien von Heiligen eingearbeitet sind. Die Holzplatte sieht man eigentlich nie, denn sie ist immer mit einem Altartuch bedeckt, das im Laufe des Kirchenjahres die jeweiligen Farben haben kann, wie hier jetzt violett in der Fastenzeit.

Auf der Stirnseite des Altares finden wir links und rechts jeweils sieben Rechtecke das massive Bronze durchbrechen. In der Mitte ein größerer Kristall, umgeben von zwölf kleinen Bergkristallen und einem etwas größeren Bergkristall oben.

Die Bedeutung liegt auf der Hand: die 12 Apostel mit Jesus, um den Tisch versammelt beim letzten Abendmahl.

Die Zahl 7 begegnet uns biblisch sehr häufig und weist auf „Fülle“ hin, auf das erfüllt sein. Wir kennen das zum Beispiel von den 7 Tagen der Schöpfung, den 7 Gaben des Heiligen Geistes oder kirchlich dann den 7 Sakramenten. Die 7 ist gerade dann auch im letzten Buch der Bibel, in der Offenbarung des Johannes, die heilige Zahl Gottes.

Für uns ist der Altar in der Kirche der Ort, an dem wir Eucharistie feiern. Zu großen Festen und Festtagen wie auch zu traurigen Anlässen versammeln wir uns um den Altar. Wir wissen, dass Jesus Christus selber der Gastgeber ist, der uns um seinen Tisch zusammen ruft. Von dort will er uns stärken, wie eben ein gutes Essen uns neue Kraft gibt. Hier will er uns Gemeinschaft schenken, mit ihm, aber auch untereinander. Hier kommen wir ins Gespräch – im wahrsten Sinne des Wortes – über Gott und die Welt.

Gerade wenn wir uns zur Messe um den Altar versammeln, feiern wir das zentrale Geheimnis unseres Glaubens: den Tod und die Auferstehung Jesu Christi.

Ich lade Sie ein, in nächster Zeit sich das wieder neu bewusst zu machen: ich bin in die Mahlgemeinschaft mit Jesus gerufen als einer seiner Apostel. Zu seinem Festmahl hat er mir einen Ehrenplatz dort zugewiesen. Kraft will er mir geben, Gemeinschaft mir schenken.

Der Heilige Antonius – Alte Kirche

(Maria Sporrer)

Nun nehme ich Sie mit in unsere Alte Kirche in Sinzing – zu einem meiner Lieblingsheiligen: den Heiligen Antonius.

Der im Jahre 1195 in Lissabon geborene Antonius trat im Jahr 1220 in den Orden der Franziskaner ein. Es scheint, als ob er seine wahre Bestimmung erst suchen musste. Eigentlich wollte er nämlich in Marokko wirken, doch eine Krankheit zwang ihn, diesen Ort wieder zu verlassen. Ein Sturm auf dem Heimweg verschlug ihn nach Sizilien. Von dort aus ging er nach Assisi, wo er den Ordensgründer Franziskus persönlich kennenlernen durfte.

Schon bald erkannte man, dass Antonius eine besondere Gabe hatte. Mit seinen Worten und Reden konnte er Menschen verwandeln. Dieses Talent wurde an vielen Orten gebraucht, so dass Antonius oft um Hilfe gebeten wurde und als Wanderprediger durch die Lande zog.

Seine Fastenpredigen in Padua wollten so viele Menschen hören, dass keine Kirche groß genug war und Antonius ins Freie ausweichen musste.

Und es kam einem Wunder gleich: Die Region um Padua schien wie verwandelt zu sein. Zerstrittene Familien versöhnten sich und es geschahen noch viele weitere gute Dinge.

Aber nicht nur aufgrund dessen ist Antonius einer der beliebtesten Heiligen. Zu seiner Bekanntheit kam er vor allem, weil er als Patron der Suchenden und auch für das Wiederauffinden verlorener Gegenstände gilt. Daher wird er in Bayern oft scherzhaft als der „Schlamperer-Toni“ angerufen. Im Übrigen soll er auch zu reichem Pilzfund verhelfen.

Ich lade Sie ein, für einen kurzen Moment inne zu halten:

- Sind Sie auch auf der Suche nach etwas im Leben? Vielleicht ist es Zufriedenheit, Glück, ... oder etwas anderes?
- Welche Talente können Sie bei dieser Suche einsetzen?
- Wo sind Sie in Ihrem Leben schon richtig „fündig“ geworden?

Vielleicht verschlägt es Sie irgendwann mal wieder nach Italien, dann besuchen Sie doch die wunderschöne Basilika San Antonio in Padua. Bis dahin – schauen Sie einfach mal bei unserem Hl. Antonius in unserer Alten Kirche in Sinzing vorbei.

Der Heilige Nepomuk – Alte Kirche

(Bernhard Reber)

Viele Menschen erschrecken, wenn sie alleine schon das Wort „Beichte“ hören. Irgendwie kommen ungute Erinnerungen aus der Kindheit und Jugendzeit.

Doch der Heilige, den ich Ihnen heute vorstellen darf, ist sozusagen der „Patron der

Beichte“: der heilige Johannes Nepomuk. Er hat für die Bewahrung des Beichtgeheimnisses sein Leben gegeben.

Johannes Nepomuk war zum Ende des 14. Jahrhunderts Priester in Prag. Er war der Beichtvater der Königin. König Wenzel IV., der König von Böhmen, war sowieso in ständigem Streit mit der Kirche und wollte nun vom Beichtvater unbedingt wissen, was ihm die Königin gebeichtet hatte. Johannes Nepomuk aber gab das Beichtgeheimnis nicht preis. Aus lauter Zorn und Wut ließ der König den Priester zunächst foltern und dann in der Moldau versenken. Die Legende berichtet, dass in dem Augenblick, als Johannes im Wasser unterging, fünf Sterne aus dem Wasser stiegen. Die fünf Sterne für das lateinische Wort „tacui", zu Deutsch: „Ich habe geschwiegen".

Heute finden wir viele Figuren dieses Heiligen auf Brücken oder an Gewässern. Dargestellt als Priester, mit der Siegespalme des Märtyrers in der einen Hand, in der anderen Hand hält er ein Kreuz, auf das er blickt. In unserer Pfarrgemeinde ist Johannes Nepomuk in der Friedhofsmauer bei der Alten Kirche in der rechten Nische dargestellt – diese Heiligenfigur hat eine bewegte Geschichte, wie Sie in Chroniken gerne nachlesen können.

In der Alten Kirche ist Johannes ebenfalls dargestellt auf der rechten Seite, wobei ihm allerdings bei der letzten Renovierung das Kreuz „abhanden gekommen" ist.

Gerade diese Figur in unserer Alten Kirche mit fehlendem Kreuz möchte ich Ihnen hier mitgeben. Johannes hat seinen Blick auf ein „unsichtbares Kreuz" gerichtet. So viele Menschen, denen wir es nicht ansehen, tragen auch Kreuze. Wir nehmen sie nur nicht wahr. Vielleicht wäre es ein guter Impuls, genau dort noch ein bisschen genauer hinzusehen.

Der Heilige Sebastian – Alte Kirche

(Bernhard Reber)

Wir bleiben in der Alten Kirche. Hier ist ein Heiliger dargestellt, der gerade seit März 2020 wieder neu ins Bewusstsein der Gläubigen gerückt ist.

Nachdem Corona mit ganzer Wucht zugeschlagen hat, haben gläubige Menschen auch wieder den Fürsprecher bei Pandemien, bei der Pest und anderen Seuchen um seine Hilfe angerufen: den Heiligen Sebastian.

In unserer Alten Kirche ist er gleich zweimal dargestellt: der rechte Seitenaltar ist ihm gewidmet, und auf dem uralten freigelegten Relief ist ebenfalls sein Martyrium zu sehen.

Sebastian lebte Ende des 3. Jahrhunderts und war römischer Soldat. Er hat den Weg zum Christentum gefunden und sich vor allem um die Armen gekümmert. Kaiser Diokletian ließ ihn dafür an einen Baum binden und von Bogenschützen mit Pfeilen durchbohren. In der Annahme, Sebastian sei tot, ließ man ihn einfach dort hängen.

Doch eine christliche Witwe pflegte ihn wieder gesund und Sebastian kehrte an den Hof des Kaisers zurück und bekannte sich wieder freimütig zu Jesus Christus. Daraufhin ließ der Kaiser ihn erschlagen.

Schon seit dem 4. Jahrhundert wird der Heilige Sebastian verehrt und um Hilfe angerufen.

Es ist schon faszinierend, dass jemand, der gerade noch so dem Tod entronnen ist, sich wieder freiwillig – mehr noch: aus Überzeugung – erneut der großen Gefahr aussetzt. Sebastian ist diesen Weg gegangen.

Ich möchte auch uns einladen, über unsere Taufe und unser Bekenntnis zu Jesus Christus und zum Christentum ein wenig nachzudenken. Das könnte eine gute Übung sein.

Und weil Sebastian besonders in Zeiten großer Nöte und Seuchen angerufen wurde, dürfen wir heute auch ein Gebet an ihn richten und ihn um seine Fürsprache bitten, Gott möge die „Seuche Corona“ von uns nehmen, er möge uns gesund und heil erhalten.

Die Heilige Anna – Alte Kirche

(Maria Sporrer)

An was denken Sie als erstes, wenn Ihnen Ihre Großmutter in den Sinn kommt?

Die Heilige, die ich Ihnen hier vorstellen möchte, war auch eine Oma: Die Großmutter Jesu, die Heilige Anna. In unserer Alten Kirche sehen wir sie zusammen mit ihrer Tochter Maria dargestellt.

In der Bibel finden wir keine Texte über Anna. Wohl aber im Protoevangelium des Jakobus. Diese apokryphe Schrift ist wohl um das Jahr 150 n. Chr. entstanden. Dort lesen wir folgende Legende:

Anna war mit Joachim verheiratet. Beide sehnten sich nach einem Kind – und beteten immer wieder zu Gott. Sie versprachen, dass, wenn er ihnen ein Kind schenken würde, sie dieses dem Dienst Gottes weihen würden. 20 Jahre lebten die beiden zusammen, aber ihre Sehnsucht wurde nicht erfüllt, was ihnen sehr zu schaffen machte. Joachim wurde vorgeworfen, als „Unfruchtbarer“ unter dem „Fluch des Gesetzes" zu stehen und wurde aus dem Tempel geworfen. Voller Trauer ging Joachim in die Wüste.

Dort erschien Joachim ein Engel, der ihn tröstete: „Gott weiß um die ungerechten Vorwürfe und möchte den Menschen zeigen, dass es nicht durch Sünde verschuldet ist, wenn eine Frau keine Kinder bekommt, das zeigt ja schon das Beispiel der Sara in der Schrift. Deine Frau wird eine Tochter zur Welt bringen, die von Mutterleib an von Gottes Geist erfüllt ist."

Auch Anna erschien dieser Engel und verkündete ihr dasselbe. Trotz Annas hohen Alters bekommt sie neun Monate später eine Tochter. Anna und Joachim nennen sie Maria. Wir kennen sie als die Mutter Jesu.

Ist das nicht eine wunderbare Legende? Anna und Joachim verlieren trotz allem nicht das Vertrauen zu Gott – und am Ende ihrer Tage wird ihre große Sehnsucht noch erfüllt.

Ob unsere Sehnsüchte, die wir im Herzen tragen, erfüllt werden oder nicht, wissen wir natürlich nicht. Aber gerade in Zeiten der Ungeduld und des Zauderns gibt es ein Gebet, das ich sehr gerne mag und das mir Hilfe ist. Es lautet:

Gott, gib mir die Gelassenheit,
Dinge hinzunehmen, die ich nicht ändern kann,
den Mut, Dinge zu ändern, die ich ändern kann,
und die Weisheit, das eine vom anderen zu unterscheiden.

(Karl Paul Reinhold Niebuhr)

Christus in der Rast – Alte Kirche (Mauer)

(Bernhard Reber)

Wenn Sie über die Laberbrücke auf unsere Alte Kirche zugehen, finden Sie in der Friedhofsmauer zwei Nischen eingeschlagen. Jede Nische beherbergt eine Figur.

In der rechten Nische steht die Figur des Heiligen Johannes Nepomuk (siehe Seite 42).

In der linken Nische „Christus in der Rast". Da sie hinter einem eisernen Gitter ist und außerdem nicht direkt am Weg liegt, findet diese Figur kaum Beachtung. Umso besser, dass wir sie jetzt in den Mittelpunkt unserer Betrachtung rücken.

Die Figur ist weit über 300 Jahre alt. Da sie in der Nische der Witterung ausgesetzt war und vieles von ihrem Glanz verloren hatte, wurde sie im Jahr 2009 und 2010 renoviert und zum Pfarrfest 2010 in der Pfarrkirche wieder gesegnet. Anschließend kehrte sie an ihren angestammten Platz zurück.

„Christus in der Rast“ ist eine beliebte Darstellung im Mittelalter, in der besonders der Blick auf den leidenden Herrn gerichtet war. Jesus, seiner Kleider beraubt, bloßgestellt, mit Dornen gekrönt, Blut überlaufen. Nach seiner Geißelung sammelt er noch einmal alle Kraft für seinen schweren Kreuzweg.

Die Menschen des Mittelalters nahmen oftmals ihre Zuflucht zum leidenden Herrn. Sie sahen, wie sich Christus ihnen auf Augenhöhe zuneigte. Und von ihm, der um ihre Leiden wusste und ihre Nöte sah, erbaten sie neue Ermutigung und Trost.

Diese Figur passt sehr gut in die Zeit der Corona-Pandemie. Und so können auch wir uns fragen:

- Wo bin ich manchmal am Ende meiner Kräfte?
- Suche ich dann bei Jesus Christus Trost, Kraft, Zuspruch und neue Ermutigung?
- Vielleicht mögen Sie ihm so manches persönliche Leid oder das Leid von Mitmenschen, ja auch das Leid dieser Welt an Corona klagen ...

Machen Sie doch bei schönem Wetter einen Spaziergang zur Alten Kirche und verweilen sie bei „Christus in der Rast“.

Der reiche Fischfang – Alte Kirche

(Bernhard Reber)

In unserer Alten Kirche befindet sich ein kleines Deckengemälde, bei dem es sich lohnt, es etwas genauer anzusehen: Eine wunderschöne Darstellung des „reichen Fischfangs“, von dem der Evangelist Lukas so berichtet:

„Als Jesus seine Rede beendet hatte, sagte er zu Simon: Fahr hinaus (...) und werft eure Netze aus! Simon antwortete ihm: Meister, wir haben die ganze Nacht gearbeitet und nichts gefangen. Doch wenn du es sagst, werfe ich die Netze noch einmal aus. Das taten sie und sie fingen eine große Menge Fische. Daher gaben sie ihren Gefährten im anderen Boot ein Zeichen, sie sollten kommen und ihnen helfen. Sie kamen und füllten beide Boote, sodass sie fast versanken. Als Simon Petrus das sah, fiel er Jesus zu Füßen und sagte: Geh weg von mir, Herr; denn ich bin ein sündiger Mensch! (...) Da

sagte Jesus: Fürchte dich nicht! Von jetzt an wirst du Menschen fangen." (Lk 5,4-10).

Der reiche Fischfang, aber in unserer Alten Kirche dargestellt als „der reiche Fischfang bei Sinzing". Schauen Sie genau hin: Die Boote mit Jesus und den Jüngern sind auf der Donau, im Hintergrund sehen wir die Laber, die in die Donau mündet. Das Fischerdorf Sinzing ist dargestellt, und an der rechten oberen Kante unsere Alte Kirche. Der reiche Fischfang ist also auf diesem Gemälde vor die Tore unserer Gemeinde Sinzing verlagert.

Ich möchte dieses Gemälde nutzen, diese wunderbare Bibelstelle auch auf unsere Pfarrgemeinde hin zu münzen. Vielleicht möchten Sie über diese Impulse ein bisschen nachdenken:

- Menschen für Jesus fangen, das ist der Auftrag an Petrus im Evangelium, aber auch an uns heute: Wo und wie gewinne ich in unserer Pfarrgemeinde Menschen für Jesus?
- „Werft eure Netze noch einmal aus!", sagt Jesus. Eine Einladung, die Verkündigung noch einmal zu versuchen, obwohl es so erfolglos aussieht. – Schaffe ich das? Vielleicht durfte ich auch schon für IHN reiche Beute erleben, vielleicht erst auf den zweiten oder dritten Versuch ...

Auf Jesu Wort hin hatten Petrus und die Jünger großen Erfolg. Möge es auch bei uns so klappen.

„Die Vier Heiligen Madl" – Alte Kirche

(Maria Sporrer)

Nun darf ich eines unserer freigelegten mittelalterlichen Fresken aus unserer Alten Kirche vorstellen, das lange im Verborgenen schlummerte: die Heiligen Vier Madl.

Ja, sie haben richtig gehört! Die „Heiligen Drei Madln" kennen viele: Margareta mit dem Wurm, Barbara mit dem Turm, Katharina mit dem Radl, das sind die drei Heiligen Madl. Früher wurden diese drei häufig mit einer vierten Heiligen dargestellt: der Heiligen Dorothea von Cäsarea. Diese vier wurden dann als die „virgines capitales", die „wichtigsten Jungfrauen" verehrt. Diese vier willensstarken Frauen ließen alle ihr Leben für Jesus Christus.

Im Einzelnen sind diese vier heiligen Frauen:

Die Heilige Margareta, die mit einem Drachen dargestellt ist, weil ihr der Legende nach im Gefängnis ein Drache erschien, und sie diesen mit dem Kreuzzeichen besiegte.

Die Heilige Dorothea, die ein geflochtenes Körbchen mit Blumen trägt. Der Legende nach wurde ihr bei ihrer Hinrichtung im Winter von einem kleinen Knaben, den man als Jesus anschaut, ein Körbchen mit Äpfeln und Rosen gebracht aus dem Garten ihres himmlischen Bräutigams.

Die Heilige Barbara, die einen Turm in der Hand hält, in den sie ihr Vater einsperrte, um zu verhindern, dass sie Christin wird.

Die Heilige Katharina von Alexandrien, die ein Schwert in der Hand hält, durch das sie den Märtyrertod erlitten hat. Das Rad ist in unserer Kirche nicht abgebildet. Leider sieht man durch einen nachträglichen Fenstereinbau nur noch ihren Unterkörper.

Barbara, Margareta und Katharina gehören zu den 14 Nothelfern, vielerorts wird Dorothea der Gruppe dieser Nothelfer beigesellt. Diese vier gelten insbesondere als Helferinnen der Frauen. Lesen Sie gerne ihre interessanten Legenden nach!

Aber noch einen anderen Gedanken möchte ich Ihnen mitgeben. Viele lange Jahre schlummerte dieses schöne Fresko verborgen unter einer anderen Schicht. Vielleicht gibt es in Ihrem Leben auch das ein oder andere Talent oder das ein oder andere Gute, das noch verborgen schlummert, und darauf wartet, freigelegt zu werden?

Die Gaben des Heiligen Geistes – Pfarrkirche

(Bernhard Reber)

Wahrscheinlich mussten Sie sie in der Schule schon lernen, im Firmunterricht aber ganz bestimmt: die sieben Gaben des Heiligen Geistes, die bildlich in unserer neuen Pfarrkirche an die Brüstung der Empore gemalt sind.

Hier können es nur kleine Bildchen sein – ich lade Sie ein, sich in einer ruhigen halben Stunde in die Kirche zu begeben und die Bilder in ihrer Originalgröße wirken zu lassen.

Ursprünglich begegnen uns die Gaben des Geistes Gottes schon im Alten Testament, im Buch Jesaja (Jes 11,1-3). Dort wird die Geburt des Messias angekündigt, der von diesen Gaben erfüllt sein wird. Im Alten Testament werden allerdings nur sechs Gaben genannt: Weisheit und Einsicht, Rat und Kraft, Erkenntnis und Furcht des Herrn. In den späteren Bibelübersetzungen wird dann als siebte Gabe die Frömmigkeit hinzugefügt.

7 Gaben des Heiligen Geistes – das passt aber auch sehr gut, denn die „Sieben" ist ja eine heilige Zahl, die für „Fülle" und „Vollständigkeit" steht.

Wenn nun ein Mensch die Fülle der Gaben des Geistes besitzt, dann bedeutet das, dass Gott in seinem Leben einen zentralen Platz einnehmen kann. Wir können darauf vertrauen, dass Gott uns stärkt und dass er uns in allen Belangen unseres Lebens behilflich ist, wenn wir nur auf ihn hören, auf ihn vertrauen und uns ihm ganz anvertrauen.

Wir glauben, dass Gott in uns wohnt und uns mit allen Eigenschaften ausstattet, damit unser Leben gelingt, so dass wir wahrhaft als „Kinder Gottes" leben können.

Es wäre doch ein schöner Vorsatz, dass wir uns das wieder bewusst machen: Ich bin Kind Gottes! Gottes Geist wohnt in mir und er rüstet mich aus für ein gutes Leben.

Der Engel auf der Kanzel – Alte Kirche

(Maria Sporrer / Bernhard Reber)

Engel haben Hochkonjunktur in diesen Zeiten. Menschen schenken sich gerne Engel, sie stellen Engel auf oder tragen einen „Schutzengel“ an einer Kette um den Hals. Man sieht sie auch auf Gräbern und in Autos.

Dahinter steht sicher der Wunsch der Menschen, dass Gottes Geisterwesen sie beschützen und bewahren mögen vor Unheil und Schaden. Und ein Engel auf einem Grab ist die stille Bitte, Gottes Engel möge einen lieben Menschen aus dieser Welt in das Licht seiner Herrlichkeit geleiten.

Engel finden wir auch ganz viele in unserer Alten Kirche. Einer der schönsten sitzt ganz oben auf der Kanzel.

Den Besuchern der Kirche hält er ein Buch entgegen. Das Entziffern seiner Botschaft stellt so manchen Lateiner vor eine schwere Aufgabe. Fachleute haben uns gesagt, dass sich hier wohl bei Restaurierungsarbeiten vor vielen Jahrzehnten ein Fehler eingeschlichen haben muss oder dass jemand gearbeitet hat, der „wenig Ahnung“ von der lateinischen Sprache hatte. Doch wenn man den Psalm zu Rate zieht lautet wohl seine Botschaft: „Der Herr wird sein Wort denen geben, die die Frohe Botschaft mit viel Tapferkeit (und Kraft) verkünden“.

Damit war ursprünglich wohl der Prediger gemeint. Gott wird ihm beistehen und die notwendigen Worte eingeben.

Aber gilt das nicht auch für uns alle? Sind wir denn nicht alle berufen, die Frohe Botschaft Gottes voller Mut und Tatkraft in unsere Welt hineinzurufen?

Gerade in dieser so schweren Zeit brauchen viele Menschen um uns herum ein gutes Wort, das kräftigt und aufbaut. Vielleicht möchten Sie sich überlegen, wem Sie ein gutes Wort zukommen lassen oder für wen Sie zu so einem kleinen Engel werden könnten?

Ein gutes Wort Gottes möchten wir Ihnen noch mitgeben; mit dem Psalm 91 wünschen wir: *„Er befiehlt seinen Engeln, dich zu behüten auf all deinen Wegen.“ (Ps 91,11).*

Der Evangelist Markus – Alte Kirche (Kanzel)

(Bernhard Reber)

Dieses Mal möchte ich die Kanzel der Alten Kirche ein bisschen näher betrachten.

Schon oft bin ich von Kindern und auch bei Führungen für Erwachsene gefragt worden: „Wie kommt man eigentlich auf die Kanzel hoch?“ „Heute gar nicht mehr“, lautet die Antwort, höchstens mit einer Leiter. Und dann erkläre ich den Kindern und auch den Erwachsenen, dass es früher außen an der Kirche einen Außenaufgang gab; der ist aber mittlerweile zugemauert. Eine kleine Holztür am Rückraum der Kanzel gibt noch davon Zeugnis.

Die Kanzel aber wird begleitet von vier etwa 40 cm hohen Figuren. Die erste darf ich Ihnen vorstellen: ihn verrät sein Attribut zu seinen Füßen, der Löwe. Dargestellt ist der heilige Evangelist Markus.

Markus ist der Schreiber des ältesten Evangeliums, das ungefähr 50-70 nach Christus entstanden ist. Es ist das kürzeste der vier Evangelien. Und es ist mir besonders ans Herz gewachsen, denn in einfacher Sprache und in kurzen Sätzen bringt uns der Evangelist Wesentliches über Jesus Christus nahe. Bei ihm gibt es keine großen Ausschmückungen, sondern das, was ihm wichtig ist, schreibt er uns. Wer das Evangelium nach Markus aufmerksam liest wird sich vielleicht wundern, dass Jesus ganz oft nach einem Wunder den Menschen verbietet, dass irgendetwas über diese Heilung bekannt wird. Und je mehr Jesus es verbietet, umso mehr machen es die Leute bekannt. Dem Evangelisten ist es ein Anliegen, dass ganz zum Ende seines Werkes der heidnische Hauptmann unter dem Kreuz bekennt: *„Wahrhaftig, dieser Mensch war Gottes Sohn!“ (Mk 15,33).*

Seit Advent 2020 und aktuell ist – bis auf die Ausnahmen der großen Feier- und Festtage – sonntags ein Abschnitt aus dem Markus-Evangelium zu hören.

Ich möchte Sie einladen, immer wieder einmal eine halbe Seite oder ein Kapitel aus dem Markusevangelium zu lesen ... und zu betrachten.

Ich wünsche Ihnen, dass dann auch in uns immer mehr dieses Bekenntnis zu Jesus Christus wächst, das der Evangelist Markus verkündet hat und wir Jesus als den Sohn Gottes erkennen und für unser Leben fruchtbar machen.

Der Evangelist Lukas – Alte Kirche (Kanzel)

(Maria Sporrer)

Auch jetzt bleiben wir bei den Evangelisten auf unserer Kanzel in der Alten Kirche – und schließen wieder über das Attribut auf den Namen.

Der Stier zeigt uns, dass es sich hier nur um den Evangelisten Lukas handeln kann.

Das Evangelium nach Lukas wurde um das Jahr 90 n. Chr. verfasst. Lukas griff dabei auf das Markusevangelium als Vorlage zurück, setzte aber bei seiner Überlieferung neue Akzente. Lukas war – so die Tradition – von Beruf Arzt. In seiner Schilderung des Christusereignisses ist es ihm wichtig, vor allem die heilende Seite Jesu herauszuarbeiten – sei es körperlich oder seelisch. Jesu Bezeichnung als „Heiland“ dürfte im Lukasevangelium seinen Ursprung haben.

Auch die Gleichnisse, die stark die heilende, verzeihende, versöhnende Seite Gottes zeigen, wie das Gleichnis vom barmherzigen Vater, finden wir nur im Lukasevangelium (Lk 15,11-32).

Weitere Geschichten gingen bei Lukas noch ein, die bei Markus noch nicht enthalten sind. Insbesondere die Kindheitsgeschichte Jesu. Vor allem das Weihnachtsevangelium, das wir alljährlich hören, finden wir nur beim Evangelisten Lukas (Lk 2,1-20). Er ist damit prägend für unser Weihnachtsfest, wie wir es heute feiern.

Lukas gilt zudem als großer Marienverehrer. Seine ersten Kapitel beschäftigen sich mit Maria, der Mutter des Herrn. Bekannte Mariengebete, wie das Ave Maria oder das Magnifikat, haben ihre Quelle im Lukasevangelium (Lk 1,28; Lk 1,46-55).

Der Legende nach soll es auch Lukas gewesen sein, der das erste Bild der Heiligen Gottesmutter Maria malte, das Gnadenbild „Salus populi Romani", das heute in der Kirche Santa Maria Maggiore in Rom zu finden ist. Deshalb gilt Lukas unter anderem auch als Patron der Künstler.

Vielleicht fragen Sie sich noch, warum Lukas mit einem Stier dargestellt ist.

Es gibt verschiedene Deutungsantworten. Eine lautet, dass der Stier ein Opfertier ist und Lukas das Evangelium mit dem Opfer des Zacharias beginnt (Lk 1,5-25).

Der Evangelist Matthäus – Alte Kirche (Kanzel)

(Maria Sporrer)

Tierisch ging es bei unseren letzten beiden Evangelisten mit ihren Attributen zu.

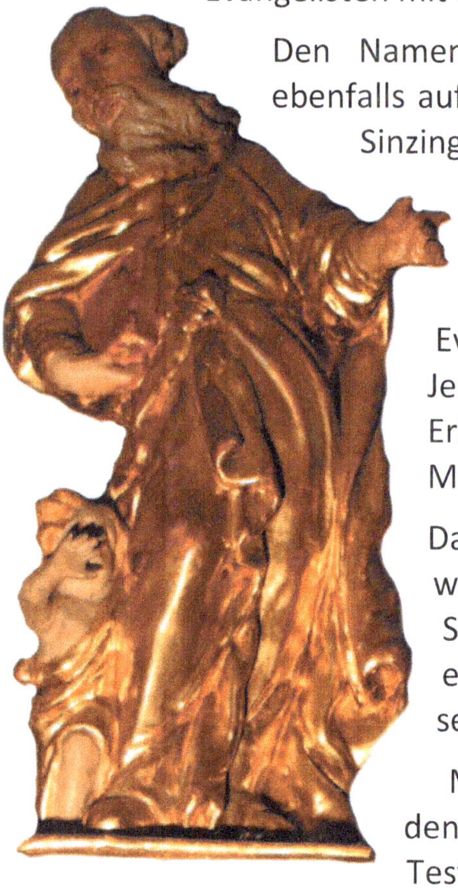

Den Namen dieses Evangelisten, der sich ebenfalls auf der Kanzel in der Alten Kirche in Sinzing befindet, verrät ein Mensch, der ihm beigeordnet ist: es ist der Evangelist Matthäus.

Matthäus beginnt sein Evangelium mit dem Stammbaum Jesu Christi (Mt 1,1-17), weshalb sein Erkennungsmerkmal eben ein Mensch ist.

Das Matthäusevangelium entstand wohl zwischen 80 und 90 n. Chr. Der Schreiber kannte das Markus-evangelium – setzte aber wiederum seine eigene Note:

Matthäus ist es wichtig, Jesus als den Messias, als den im Alten Testament verheißenen königlichen Heilsbringer, zu betonen, und durch Erfüllungszitate aus dem Alten Testament zu bekräftigen. Die Huldigung durch die Sterndeuter

(Mt 2,1-12), die im kleinen Kind sofort den Messias erkennen, finden wir nur bei Matthäus.

Das spricht gleich einen weiteren wesentlichen Punkt im Matthäusevangelium an: Jesus ist der Heilsbringer für alle. Er wird gerade auch von denen erkannt, die bisher nicht dem heiligen Volk angehörten (z.B. Mt 2,1-12 u. weitere). Und er will auch, dass ALLE zum Heil finden. Das manifestiert sich besonders am Ende des Evangeliums, wenn Jesus seine Jünger aussendet und sagt*: „Geht und macht alle Völker zu meinen Jüngern.“ (Mt 31,19).*

Ein weiteres zentrales Anliegen ist es dem Matthäus, das Gesetz zusammenzufassen und auf einen Nenner zu bringen: Alles Tun soll aus Liebe geschehen, das ist das wichtigste! Sowohl die Jesusworte *„Liebe Gott und liebe deinen Nächsten wie dich selbst“ (Mt 22,37-40)* als auch die goldene Regel *„Alles, was ihr wollt, dass euch die Menschen tun, das tut auch ihnen!“ (Mt 7,12)* finden wir im Matthäusevangelium.

Eines der für mich schönsten Jesusworte bildet den Schlusssatz des Matthäusevangeliums. In diesen schwierigen Zeiten möchte ich Ihnen diesen ganz bewusst zusprechen. *Jesus sagt: „Ich bin mit euch, alle Tage bis zum Ende der Welt.“ (Mt 31,20b).*

Vertrauen wir darauf, dass wir mit IHM auch die Prüfungen dieser Tage bestehen werden.

Der Evangelist Johannes – Alte Kirche (Kanzel)

(Bernhard Reber)

„Im Anfang war das Wort, und das Wort war bei Gott, und das Wort war Gott!“ (Joh 1,1) Wahrscheinlich kennen Sie diesen Satz, mit dem das Johannesevangelium beginnt, und der uns alle Jahre zum Weihnachtsfest und in der Weihnachtszeit mehrmals im Evangelium begegnet.

Als Kind bin ich immer gestolpert. Ich wollte doch die Weihnachtsgeschichte hören, und dann immer Wort, Wort, Wort. Doch genau das unterscheidet den Evangelisten Johannes, den ich Ihnen jetzt ein bisschen näher vorstellen darf, von den anderen drei Evangelisten. In unserer Alten Kirche ist Johannes ebenfalls als kleine Figur an der Kanzel angebracht.

Er wird mit einem Adler abgebildet, der in unserer Alten Kirche leider nur schwer zu erkennen ist. Daher: ein Besuch beim Original lohnt sich.

In der Tradition der Kirche wird der Evangelist Johannes gleichgesetzt mit dem Lieblingsjünger Jesu. Er soll auch Verfasser der Johannesbriefe und der Offenbarung sein. Allerdings ist das historisch eher umstritten; vielmehr legen früheste Zeugnisse nahe, dass das Johannesevangelium erst um 100 bis 120 n. Chr. entstanden sein dürfte. Entscheidend ist jedoch, dass Johannes weniger Interesse hat, Jesus historisch zu verkünden, sein Wirken zu erzählen, von Wundern zu berichten. Ihm geht es um die theologische Deutung des Jesus von Nazareth und seines Wirkens.

Der wichtigste Titel für Jesus ist „der Sohn". Immer wieder spricht Jesus davon, dass der Sohn und der Vater eins sind. Der Evangelist berichtet nicht von vielen Wundern, sondern nennt Jesu wichtigste Taten ausdrücklich „Zeichen", von denen es wiederum sieben gibt. Und wir wissen: die „Zahl 7" ist die Zahl der „Fülle" und „Vollständigkeit".

Auch die Passion Jesu wird so gedeutet: uns begegnet nicht der leidende und gequälte Herr, sondern Jesus scheint Herr der Lage zu sein. Wie in einem Siegeszug geht er den Weg zum Vater.

Besonderen Wert legt der Evangelist auf die Liebe, die er immer wieder in den Mittelpunkt rückt; und er verweist auf den Geist, den Beistand, den Jesus seinen Jüngern und damit allen Menschen verheißt.

Liebe als zentrales Merkmal – Liebe zu Gott und zu den Mitmenschen ... darüber ein wenig nachzudenken könnte ein Impuls sein. Der Geist Gottes, der Beistand, den Jesus gemäß Johannes verheißt, soll uns behilflich sein und uns führen.

Die Heilige Dreifaltigkeit – Alte Kirche

(Bernhard Reber)

Jedes Gebet beginnen und beschließen wir in der Regel mit dem Kreuzzeichen. Wir bekennen uns damit zu dem „einen Gott in drei Personen“. Das ist der Kern unseres Glaubens. Sperrige Fachausdrücke wie Dreifaltigkeit oder Trinität versuchen, das Wesen unseres Gottes zu beschreiben. Immer schon taten sich Menschen schwer, das zu begreifen: „Ein Gott in drei Personen“. So nahm beispielsweise der Heilige Patrick von Irland das Kleeblatt zum Vorbild: ein Kleeblatt, bestehend aus drei gleichen Blättern. So konnte er seinen Hörern dieses Geheimnis anschaulich erklären.

Im Laufe der Kirchengeschichte gab es viele solcher Ansätze, um mit einfachen Worten, oder besser noch mit Bildern, die Dreifaltigkeit den Menschen zu erschließen.

Daher findet man in Kirchen ganz oft das älteste Zeichen für die Dreifaltigkeit, ein Dreieck, als Erklärungsmodell.

Gefolgt von der bildlichen Darstellung: ein meist älterer Mann steht für Gott, den Vater, der Himmel und Erde erschaffen hat - manchmal mit Weltkugel dargestellt. Ganz oft aber hält er mit beiden Händen das Kreuz, an dem Jesus Christus, der Sohn, hängt, der uns durch seinen Tod und seine Auferstehung erlöst hat und den Weg zu Gott eröffnet. Und die Taube, die oft über dieser Darstellung schwebt, steht für den Heiligen Geist, der in den Menschen wohnt und durch den Gott in dieser Welt wirkt.

In unserer Alten Kirche finden wir ebenfalls ganz vorne an der Spitze des Hochaltars die Darstellung der Dreifaltigkeit. Eher selten werden aber die drei Personen – so wie bei uns – nebeneinander dargestellt: Vater und Sohn, jeweils mit Dreieck über dem Haupt, blicken zur Taube in der Mitte; und diese richtet ihren Blick zur Gemeinde, die Füße nach vorne ausgestreckt, wie wenn sie andeuten möchte, dass sie die Betrachter sieht und hier „landen" möchte. Diese Darstellung bringt sehr schön zum Ausdruck, dass Gott in sich Leben ist, Liebe und Beziehung, die durch den Geist zu uns Menschen herein strahlt.

Ich lade Sie ein, sich ganz bewusst zu bekreuzigen und dabei in die lebendige Beziehung der göttlichen Personen einzutauchen. Wir wissen: Gottes Geist wohnt in uns, und wir leben in Gott.

Der Heilige Michael – Pfarrkirche

(Maria Sporrer)

Kennen Sie auch die Situation, in der Sie bildlich auf der einen Seite ein Engelchen auf der Schulter sitzen haben, das Ihnen einflüstert, was Sie Gutes tun könnten, und auf der anderen Seite ein kleines Teufelchen, das Sie davon abhalten möchte oder Ihnen gar etwas anderes einflüstert? Beides, Gut und Böse, gibt es auf der Welt, und vermutlich auch in unserem Leben.

Das führt uns zu der Figur, die ich Ihnen jetzt vorstellen darf: Zum heiligen Erzengel Michael, der über dem Hauptportal unserer Pfarrkirche thront. Zu seinen Füßen liegt der von ihm besiegte Teufel in der Form eines Drachens. Der Drache symbolisiert das Böse, das es in der Welt leider gibt.

Auch wenn der Drache auf den ersten Blick angsteinflößend wirkt, mag ich diese Darstellung. Zeigt sie doch, welche Kämpfe manchmal in unserem Inneren – manchmal auch um uns herum – geschehen: die zwischen Gut und Böse. Und die Figur zeigt, von wem wir erhoffen, dass es Sieger bleibt: das Gute.

Der Erzengel Michael hat sich als Bote Gottes schon von Anfang an für das Gute eingesetzt und die Menschen begleitet. Er begegnet uns bereits im Buch Genesis und wird besonders in der jüdischen Tradition als derjenige Engel angesehen, der mehrmals in die Geschichte eingegriffen hat, z.B. indem er Abraham daran hinderte, seinen Sohn Isaak zu opfern (Gen 22,11-12).

Er ist es auch, der uns bis ans Ende unserer Tage begleiten wird und darüber hinaus. „Zum Paradies mögen Engel dich geleiten" heißt es am Grab eines Verstorbenen. Der heilige Erzengel Michael gilt als der Engel, der die Verstorbenen ins Paradies zu Gott führt.

Und er wird es sein, so prophezeit uns die Offenbarung des Johannes, der am Ende der Zeiten endgültig alles Böse in den Abgrund stürzen wird. Selbst den Tod wird es nicht mehr geben. Dann wird Gottes neue Welt kommen, ein neuer Himmel und eine neue Erde (Offb 21,1).

Ist das nicht eine wunderbare Vorstellung? Dass Gott uns einen Engel zur Seite stellt, der mächtig gegen das Böse kämpft, uns begleitet in den schwersten Stunden und zugleich mächtig für uns einsteht.

Vielleicht denken Sie daran, wenn Ihnen das nächste Mal unser Erzengel Michael in den Blick kommt.

Der Heilige Franz Xaver – Pfarrkirche

(Maria Sporrer)

Kennen Sie noch alle Pfarrer, die in Sinzing wirkten? Manche sind durch ihre Namenspatrone in unserer Pfarrkirche verewigt. So z.B. Pfarrer Weber mit dem Bild des Hl. Johannes Chrysostomus (siehe Seite 28). Auch den Namenspatron von Pfarrer Kaiser findet man in unserer Kirche: Den Hl. Franz Xaver. Er ist etwas versteckt im Treppenaufgang zu unserer Sakristei.

Aber wer war dieser Heilige Franz Xaver? Zu Beginn seines Lebens wohl schon ein kleines Früchtchen! Als Sohn einer baskischen Adelsfamilie studierte er seit 1525 in Paris und genoss das unbeschwerte Studentenleben in vollen Zügen. 1529 zog ein neuer Mitbewohner in das Studentenheim ein, in dem Franz Xaver lebte: Ignatius von Loyola, den wir als Gründer des Jesuitenordens kennen. Erst nach längerer Zeit gewinnt er Franz Xaver im Jahr 1533 für seine Idee einer Ordensgründung. Dieser neue Orden sollte zum Ziel haben, ein Leben aus der Kraft des Glaubens zu führen mit einfachem Lebensstil und dem Engagement für Arme und Kranke.

Franz Xavers Leben nimmt ab jetzt eine radikale Wende. Er hilft Ignatius beim Erstellen der Ordensregel und gehört zu einem der sieben Gründungsväter des Jesuitenordens. Nach seiner Priesterweihe 1537 arbeitet er voll und ganz nach diesem Ordensziel. In Lissabon gründet er das allererste Jesuitenkolleg, lässt sich mit königlicher und päpstlicher Vollmacht ausstatten und reist dann nach Indien, wo er drei Jahre lang in den portugiesischen Kolonien unter einheimischen Perlenfischern wirkt.

1544 tauft er in einem Monat zehntausend Makau-Fischer, insgesamt wohl bis 30.000 Menschen – deshalb auch seine Darstellung mit der Taufmuschel. Selbst die Königin von Indien, die zuvor das Christentum bekämpft hatte, lässt sich von ihm taufen. Über Indonesien gelangt er dann nach Japan, wo er die erste christliche Gemeinde gründet. Auf seiner letzten Missionsreise, kurz vor China, stirbt er. Franz Xaver wird als Apostel Indiens und Japans verehrt.

Welch ein mutiger Mann, dem neben Organisationstalent, Ausdauer und Optimismus besonders auch auszeichnet, dass er immer wieder neue Sprachen, Kulturen und Brauchtümer der Einheimischen lernte, bevor er mit seiner eigentlichen Mission begann.

Vielleicht haben Sie Lust, nach dem Beispiel des Hl. Franz Xaver, in Ihrem Leben auch mal wieder einen neuen Akzent zu setzen: eine neue Sprache, ein neues Hobby oder etwas anderes?

Der Heilige Josef – Pfarrkirche / Alte Kirche

(Bernhard Reber)

„Reden ist Silber, Schweigen ist Gold!“, sagt ein Sprichwort. Noch mehr als Gold ist es aber wert, wenn zum Schweigen das beherzte Handeln hinzukommt.

Der Heilige, den die Kirche am 19. März feiert – früher ein großer Festtag – gehört gerade deshalb zu meinen Lieblingsheiligen: ich spreche vom Heiligen Josef, den Bräutigam der Gottesmutter. In unserer Pfarrei wird er in beiden Pfarrkirchen dargestellt:

In der neuen Pfarrkirche auf der rechten Seite Josef mit dem Jesuskind, in der alten Pfarrkirche der linke Seitenaltar – eine eher seltene Darstellung des Todes des Heiligen Josef.

Als die neue Pfarrkirche ihre Innenausstattung erhielt, war es den Gläubigen ein Anliegen, den Heiligen Josef, dem Arbeiter und Handwerker, einen Ehrenplatz einzuräumen.

Was mich an dem Heiligen Josef so fasziniert?

Nun, von ihm ist in der ganzen Heiligen Schrift kein einziges Wort überliefert. Er redet nie, aber er handelt mit großer Entschlossenheit für Jesus. Denken wir nur daran: Maria, ein junges Mädchen, schwanger – und Josef nimmt sich auf das Wort des Engels hin ihrer an (Mt 1,18-24). Dann der beschwerliche Weg nach Bethlehem (Lk 2,4f), die Flucht nach Ägypten (Mt 2,13-15), die Rückkehr, der Neuanfang in Nazareth (Mt 2,19-25). Er, der Zimmermann, der mit seiner Hände Arbeit den Unterhalt für die Familie verdient. Und der sicher maßgeblich daran beteiligt war, Jesus im Glauben des Volkes zu erziehen, den Glauben vorzuleben, den Glauben an Gottes Liebe und Güte.

Für mich ist Josef eine großartige Figur der Heiligen Schrift und der ganzen Geschichte um Jesus; und ich denke, er kann uns gute Impulse mitgeben:

- Ich möchte zuerst allen ganz herzlich danken, die in handwerklichen Berufen tätig sind. Sie sorgen für uns, bauen Häuser, backen Brot, produzieren die Lebensmittel, reparieren, verbessern, kümmern sich um Alltägliches und vieles andere mehr. „Vergelte Gott reichlich Ihren Dienst und Einsatz!“
- Und dann: Menschen den Glauben vorleben, weniger durch Worte oder gar durch geschicktes Überreden, sondern eher durch Taten, durch beherztes Anpacken.

Maria unter dem Kreuz – Pfarrkirche

(Maria Sporrer)

Jetzt darf ich wieder eine Marienfigur aus unserer Pfarrkirche vorstellen: Maria unter dem Kreuz.

Was mich an dieser Figur bannt ist ihr Blick. Maria, so scheint es mir, hat in ihrem Leben Jesus niemals aus den Augen verloren.

Immer wieder zeigt sie auf Jesus; denken wir nur an die Hochzeit zu Kana, bei der sie das Hilfe suchende Brautpaar an Jesus verweist (Joh 2,5). Sie steht weiterhin zu ihm, als Jesus sie einmal schroff abkanzelt mit den Sätzen „Wer ist meine Mutter?“ (Mt 12,48). Und jetzt, in den schwersten Stunden, die eine Mutter erleben kann, beim Sterben des eigenen Kindes, ist sie da und richtet ihren Blick auf das ganze Leid, das ihr eigentlich den Boden unter den Füßen wegziehen muss (Joh 19,25). Sie bleibt und erträgt es aus Liebe zu ihm. Das ist wirkliche Stärke!

Den Blick vor dem Leid, das einem so sehr zu Herzen geht, nicht verschließen. Diesen Impuls möchte ich allen widmen, die in einem Beruf arbeiten, der es sich zur Aufgabe macht, Menschen zu helfen und in ihrem Leid beizustehen.

Allen Ärzten, Krankenschwestern, Pflegern, Rettungssanitätern, Psychologen und Seelsorgern. Allen, die sich zu Hause um ihre Angehörigen kümmern und sie pflegen, sei es um kranke Menschen, Menschen mit Behinderung oder pflegebedürftige Senioren, vor allem auch denen, die in Hospizen arbeiten und allen, die Menschen auf ihrem letzten Weg begleiten. Möge Gott Ihnen Kraft und Stärke für diese oft schwere, aber so wichtige Aufgabe geben.

Aber noch einen Gedanken möchte ich Ihnen mitgeben. Manchmal verlieren wir in unserem eigenen Leid, wenn alles hoffnungslos erscheint, Jesus aus unserem Blick. Wir beginnen zu zweifeln und zu hinterfragen. Gerade in diesen Momenten weiter am Glauben festzuhalten, ist nicht immer leicht.

Vielleicht können wir uns in solchen Situationen Maria als Vorbild nehmen. Denn sie, die auch in ihrem größten Leid weiter zu Jesus empor schaut, sie ist es auch, die die Freude der Auferstehung miterleben darf; sie ist es, an der wir erfüllt glauben, wonach wir Menschen uns sehnen: Einst ganz in Gottes neuer Welt zu leben, in der kein Leid, kein Tod und keine Trauer mehr sein werden (Offb 21,4).

Das Auge Gottes – Pfarrkirche

(Bernhard Reber)

„Ein Auge ist, das alles sieht, selbst was in dunkler Nacht geschieht!“

So haben früher sowohl Eltern als auch Priester oder Erzieherinnen und Erzieher den Kindern Angst gemacht. Die Absicht war: alles Böse und Schlechte, das du tust – wenn es auch wir nicht sehen, Gott sieht es ganz bestimmt! Und natürlich wurde damit auch Kindern eine Bestrafung durch Gott suggeriert.

In sehr vielen Kirchen war und ist auch ein Bild des Gottesauges angebracht, und das machte den Kindern „augenscheinlich“ ein schlechtes Gewissen.

Auch in der Kriegerkapelle unserer Pfarrkirche ist dieses Glasfenster mit dem Gottesauge dargestellt. Für mich aber ein wunderschönes Bild, das ich Ihnen heute gerne mitgeben möchte:

ein buntes Glasfenster mit dem Auge Gottes in der Mitte; oben Sterne, ein Fisch und ein Vogel, unten das Wasser, bunte Blumen und grüne Wiesen. Ein solch buntes Fenster kann doch nichts mit Strafe zu tun haben! Ganz im Gegenteil: es hat etwas Tröstendes und Bergendes.

Ich interpretiere dieses Bild für mich so: Gott hat diese Erde und alles, was dazugehört, erschaffen. In seiner Vielfalt, in seiner Buntheit. Gott sieht auf seine Schöpfung, die er als „sehr gut" bezeichnet (Gen 1,1-31): den Himmel und die Erde, die Luft und das Wasser – Gottes Liebe und Güte hat alles im Blick. Und eben auch mich, aber nicht um Fehler aufzuzählen oder eine Strichliste zu führen, was ich falsch gemacht habe, sondern er passt auf mich auf, weil er mich liebt.

Wunderschön hören wir das in den Psalmen. So eröffnet der 139. Psalm: *„Herr, du hast mich erforscht, und du kennst mich. Ob ich sitze oder stehe, du weißt von mir." (Ps 139,1.2a).* Und ein paar Verse weiter: *„Deine Augen sahen, wie ich entstand." (Ps 139,16).* In einem anderen Psalm spricht der Beter: *„Bei Gott allein kommt meine Seele zur Ruhe, von ihm kommt mir Hilfe." (Ps 62,2.* Und noch viele solcher Aussagen finden wir.

Das wünsche ich Ihnen: dass Sie den liebenden und gütigen Blick Gottes auf Sie spüren; dass Sie in allen Gefahren wissen dürfen: Gott passt auf mich auf ... wie ein guter Vater und eine liebende Mutter.

Die Glocken – Pfarrkirche / Alte Kirche

(Bernhard Reber)

Manche regen sich darüber auf, die meisten hören sie gar nicht, andere nehmen sie nicht bewusst wahr, anderen fehlen sie aber, wenn sie verstummen ... ich rede heute von den Kirchenglocken.

In unserer Pfarrkirche hängen vier große Glocken, in der Alten Kirche nur zwei; ursprünglich waren in der Alten Kirche drei Glocken; doch eine wurde im Krieg entfernt und nach der Rückkehr aber in die neu gebaute Pfarrkirche als Einsparmaßnahme gehängt.

Außerdem gibt es in den Kirchen noch die Sakristeiglocken und die Handglocken der Ministranten.

Glocken gehören zu einer Kirche wie die Luft zum Atmen. Ihr Geläut hat seit ältester Zeit verschiedene Bedeutungen:

Zum einen rufen die Glocken natürlich zum Gebet: Vor jedem Gottesdienst gibt es eine gewisse Zeit voraus ein erstes Läuten, das an den Gottesdienst erinnert. Vor dem Gottesdienst rufen dann die Kirchenglocken die Gläubigen zusammen und haben damit Gemeinschaft stiftende Funktion.

Im Gottesdienst selber künden sie weithin hörbar die Heilige Wandlung oder den Segen an. Das unterstreichen auch die Altarglocken der Ministranten.

An besonderen Festtagen verkünden sie das Festgeheimnis, wie zum Beispiel an Ostern.

In der Frühe, am Mittag und am Abend läuten ebenfalls die Glocken zum Gebet. Sie laden ein, den „Angelus", „den Engel des Herrn" zu beten – jenes Gebet, das uns an die Menschwerdung Gottes aus Maria erinnert. Das Läuten am Abend schließt mit der Sterbeglocke und ruft zum Gebet für unsere lieben Verstorbenen.

Glocken hatten früher auch eine warnende Funktion; zum Beispiel vor Unwetter oder Blitzschlag wurden die Glocken geläutet; weithin hörbar, damit Menschen sich in Sicherheit bringen konnten.

In jedem Fall verkünden sie auch heute, dass Gott in unserer Welt gegenwärtig ist: im Gottesdienst oder beim privaten Gebet; und sie laden ein, dass wir diese Verbindung zu Gott suchen sollen.

Das ist auch mein Impuls und meine Einladung: nehmen Sie das Läuten der Glocken mal wieder ganz bewusst wahr. Halten Sie inne und suchen Sie das Gespräch mit Gott – persönlich oder in der Gottesdienstgemeinschaft.

Der Heilige Wendelin – Alte Kirche

(Maria Sporrer)

Schauen Sie sich auch so gerne die Schafherden an, die manchmal an Sinzing vorbeiziehen? Hier darf ich Ihnen einen Heiligen aus unserer Alten Kirche vorstellen, der als Patron des Viehs, der Bauern, Hirten und Schäfer gilt: den Heiligen Wendelin. Wir finden ihn als Hirte dargestellt, vor dem rechten Seitenaltar.

Wendelin, der der Legende nach ein sehr gut ausgebildeter schottischer Königssohn war, gehörte der iroschottischen Mönchsbewegung im 6. Jahrhundert an.

Bei der Rückreise einer Pilgerfahrt nach Rom besuchte er Trier und klopfte bei einem reichen Gutsherren an, um ein Stück Brot zu erbetteln. Der Gutsherr wurde jedoch sehr ungehalten: „Ein junger Bursch kann arbeiten und muss nicht betteln." soll er ausgerufen haben. Das muss Wendelin geschockt haben.

In seiner Heimat war es normal, einen Pilger gastfreundlich aufzunehmen. Stattdessen schickte der Gutsherr Wendelin weg, um niedere Dienste zu verrichten. Doch Wendelin nahm demütig diese Hirtenarbeit an. Da er eine gute und umfassende Ausbildung hatte und auch naturkundliches Wissen, hatte er großen Erfolg mit den Tieren. Das beeindruckte den Gutsherren zwar, dennoch kam es zum Streit. Da Wendelin die Herden immer weit weg trieb, um gutes Futter für sie zu bekommen, meinte der Gutsherr: „Ich schaffe es sicher nicht, meinen Gästen heute Abend Fleisch anzubieten." Doch Wendelin war überraschend schnell mit seiner Herde zurück. Für den Gutsherren ein Wunder! Er erkannte in Wendelin einen Heiligen und erbaute ihm eine Einsiedelei, in der Wendelin nun im Gebet und in Stille leben konnte, für viele Menschen als guter Ratgeber da war und sich dadurch einen großen Namen machte. Später sollen ihn die Mönche von Tholay sogar zu ihrem Abt gemacht haben. Noch heute pilgern viele Menschen ratsuchend an sein Grab nach St. Wendel im Saarland.

Als ich die Legende dieses Heiligen hörte, kam mir sofort ein Zitat in den Sinn, das angeblich auf Goethe zurückgeht: „Auch aus Steinen, die dir in den Weg gelegt werden, kannst du etwas Schönes bauen." Auch uns werden zur Zeit so manche Steine in unseren vorgeplanten Weg gelegt. Vielleicht ist es Ihnen dennoch gelungen, aus diesen Steinen auch etwas Schönes zu bauen? Das bedeutet nicht, die Situation einfach gut zu finden – sondern trotzdem, trotz allem, zu versuchen, das Beste aus dem Moment zu machen. Vielleicht mag uns der Heilige Wendelin dazu Vorbild sein.

Der Heilige Benedikt – Alte Kirche

(Maria Sporrer)

Wir bleiben in unserer Alten Kirche. Dort finden wir auf dem rechten Seitenaltar eine kleine Figur, die einen wirklich Großen abbildet: Den Heiligen Benedikt von Nursia.

Benedikt und seine Schwester Scholastika werden um 480 in einer vornehmen Familie geboren. Als Jugendlicher wird Benedikt zur Ausbildung nach Rom geschickt. Dort herrschen sowohl politisch als auch kirchlich chaotische Verhältnisse. Bald schon verlässt Benedikt Rom und lebt drei Jahre lang als Einsiedler. Sein Ruf als Heiliger verbreitet sich schnell, so dass viele Menschen kommen, um ihn zu sehen.

Auf Bitten von Mönchen leitet er hintereinander zwei geistliche Gemeinschaften. Seine strengen Regeln werden jedoch nicht besonders geschätzt. Beide Gemeinschaften versuchen, ihn zu vergiften, scheitern aber.

Im Jahr 529 zieht Benedikt mit einigen Mönchen auf einen Berg, dem heutigen Montecassino. Seine Gemeinschaft wächst sehr schnell. Ein Grund dafür dürfte sein, dass alle Menschen im Kloster aufgenommen werden und als gleich gelten.

Im Jahr 540 verfasst er seine berühmte Regula Benedicti, die Grundlage für das Klosterleben des Abendlandes wird. Später entwickelt sich aus dieser Klosterregel der Wahlspruch der Benediktiner „Ora et labora" – bete und arbeite.

Vielleicht rutscht uns dieses „Ora" und die Suche nach Gott vor lauter Arbeit und Hektik ab und zu aus dem Sinn. Deshalb möchte ich Ihnen heute ein Gebet des Heiligen Benedikts mit auf dem Weg geben:

Verleih mir, gütiger und Heiliger Vater, in Deiner Huld:
einen Verstand, der Dich versteht,
einen Sinn, der Dich wahrnimmt,
einen Eifer, der Dich sucht,
ein Herz, das Dich liebt,
ein Tun, das Dich verherrlicht,
eine Geduld, die auf Dich harrt.
Gib mir Deine heilige Gegenwart,
einen guten Tod
und eine glückliche Auferstehung im Ewigen Leben.
Amen.

(Hl. Benedikt von Nursia)

Tabernakel – Mariä Verkündigung – Pfarrkirche

(Bernhard Reber)

Zu einem ganz wichtigen Ort unserer Pfarrkirche möchte ich Sie hier begleiten. Jede katholische Kirche hat einen Tabernakel. Es ist der Ort, in dem das eucharistische Brot aufbewahrt wird. Jesus selber ist also in diesem Zeichen bleibend gegenwärtig. Viele Menschen spüren diese besondere Nähe Jesu; sie kommen in die Kirche, setzen sich in Stille vor den Tabernakel und lassen sich einfach von Jesus anschauen und halten mit ihm Zwiesprache. Freud und Leid hat hier seinen Platz.

In unserer Pfarrkirche ist der Tabernakel mit einem schönen Bildnis versehen. Dargestellt ist, was wir am 25. März als Fest feiern: die Verkündigung des Herrn.

Im Lukasevangelium hören wir dazu: *„In jener Zeit wurde der Engel Gabriel von Gott zu einer Jungfrau gesandt. (...) Der Name der Jungfrau war Maria. (...) Der Engel sagte zu ihr: Fürchte dich nicht, Maria; denn du hast bei Gott Gnade gefunden. Siehe, du wirst* *schwanger werden und einen Sohn wirst du gebären; dem sollst du den Namen Jesus geben." (Lk 1,26-31).*

Was für eine unerwartete Botschaft. Zumal sie mit keinem Mann zusammen ist. Daher erklärt ihr auch der Bote Gottes weiter: *„Heiliger Geist wird über dich kommen und Kraft des Höchsten wird dich überschatten. Deshalb wird auch das Kind heilig und Sohn Gottes genannt werden." (Lk 1,35).*

Nach einigen weiteren Erklärungen sagt Maria schließlich ihr „Ja!": *„Da sagte Maria: Siehe, ich bin die Magd des Herrn; mir geschehe, wie du es gesagt hast." (Lk 1,38).*

Unser Tabernakel stellt diese Szene dar: der Engel rechts, Maria in kniender und demütig-betender Haltung links; auf sie herab kommt eine Taube, Symbol für den Heiligen Geist.

Das „Ja!" Mariens war wichtig für die Menschwerdung Christi. Von seiner bleibenden Gegenwart im Sakrament kündet der Tabernakel.

So lege ich Ihnen auch gerne diese beiden Impulse ans Herz:

- Maria war offen für den Ruf Gottes und sagte ihr „Ja!". – Wie sieht es da bei mir aus? Gott braucht auch mich, und zwar dort, wohin er mich gestellt hat.
- Vielleicht mögen Sie in den nächsten Tagen einmal ein paar Minuten still vor dem Tabernakel verweilen und mit Jesus ins Gespräch kommen.

Christus-Torso – Pfarrkirche

(Bernhard Reber)

Jahrelang lag sie, verpackt in einem Kartoffelsack, unbeachtet im Aufgang zum Kirchturm: die Christusfigur, die ich Ihnen heute vorstellen darf.

Unserem Mesner ist sie damals bei Aufräumarbeiten aufgefallen, und so begannen die Nachforschungen und anschließend die Restaurierung. Seit 2009 hängt diese Figur des Christus-Torso nun in unserer Pfarrkirche.

„Die Christusfigur war in einem erbarmungswürdigen Zustand, als wir sie fanden!“, so der damalige Heimatpfleger Rudolf Ottlinger. Ursprünglich bildete dieser Corpus Christi das alte Friedhofskreuz auf unserem Gottesacker. In kirchlichen Unterlagen aus dem Jahr 1777 wurde es schon erwähnt.

Es stand im damals noch kleinen Friedhof an der Nordseite, beim jetzigen Treppenaufgang zur Aussegnungshalle. Im Jahr 1962 war dieses Kreuz so morsch und der Körper Christi in einem so schlechten Zustand, dass es entfernt und durch das heutige Kreuz ersetzt wurde. Der schöne Torso, also der Rumpf ohne Arme und Beine, der aus der Barockzeit stammt, wurde aufbewahrt.

Im Jahr 2008 begannen wir zu überlegen, wie die Figur restauriert werden und wo sie einen Platz finden könnte. Der Regensburger Künstlerin Eva Nemetz ist es zu verdanken, dass wir nun diese wunderbare Figur in unserer Kirche haben. Sie hat den Torso restauriert und in eine goldene Mandorla eingebettet. Analog zu den Kreuzwegstationen wurde das Holz gestaltet und mit dem Alpha und dem Omega versehen.

Mit dieser Darstellung möchte ich Ihnen drei Impulse vorschlagen:

- Gerade die Tatsache, dass diese Christusfigur viele Jahre im Friedhof war und unzählige Menschen in ihrem Leid gesehen hat, lädt uns ein, dass auch wir auf das Leid der Menschen in ihrer Trauer und in ihrem Abschiednehmen blicken.
- Dann: Christus ohne Arme und ohne Beine. Ich muss ihm meine Hände, meine Beine, meinen Mund leihen, um ihn zu den Menschen zu bringen, um ihn durch mich handeln zu lassen.
- Und: Christus ist Anfang und Ende – auch für mich, für mein ganzes Leben. Auch darüber lohnt es sich nachzudenken.

Der Heilige Konrad – Alte Kirche

(Maria Sporrer)

Was verbinden Sie mit der Stadt Altötting? Natürlich die Marienwallfahrt. Aber noch ein großer Heiliger wirkte in dieser Stadt. Sein Bild finden wir vor dem rechten Seitenaltar unserer Alten Kirche: den Heiligen Konrad.

Aufgewachsen als elftes von zwölf Kindern auf einem typisch bayerischen Bauernhof verliert Konrad mit 14 Jahren seine Mutter, zwei Jahre später seinen Vater. Da er schon immer fromm war, wollte er in ein Kloster eintreten, wurde aber immer wieder abgelehnt. Seinen Wunsch, Priester zu werden, musste er erst einmal an den Nagel hängen. Stattdessen arbeitete er als Knecht auf dem elterlichen Hof. Aber vermutlich hat Konrad seinen Traum nie wirklich aufgegeben.

Und tatsächlich! Mit 31 Jahren wird er bei den Kapuzinern im St. Anna Kloster in Altötting als Mönch aufgenommen. Zwei Jahre später findet er dort seinen Platz fürs Leben: die Klosterpforte. Konrad ist aber mehr als nur ein Pförtner: als erster Ansprechpartner steht er vielen Pilgern in ihren Anliegen mit einem offenen Ohr zur Verfügung und zeigt dabei viel Freundlichkeit und Geduld. Handwerksburschen, Bettlern und Kindern gegenüber kann er nicht „Nein" sagen: Bei Bruder Konrad geht niemand leer und hungrig aus! Und obwohl er 18 Stunden am Tag an der Pforte sitzt, bleibt das Gebet der Mittelpunkt seines Lebens. Jede freie Minute nutzt er dafür.

Schnell spricht sich herum, dass ein heiligmäßiger Mönch den Pfortendienst in Altötting verrichtet, so dass viele Menschen – auch über die Grenzen Bayerns hinaus – kommen und Hilfe und Rat bei Konrad suchen. Konrad, in seiner Bescheidenheit, scheint diese Verehrung nicht zu bemerken. Seinen Pförtnerdienst übt er bis drei Tage vor seinem Tod aus. Im Alter von 76 Jahren verstirbt Konrad.

Was für ein bemerkenswerter Mann, der seinen Traum nie wirklich aufgab, und – wenn auch über Umwegen und in etwas veränderter Form – seinen Platz fürs Leben gefunden hat, den er mit viel Herz und Mitmenschlichkeit ausfüllte.

Er kann uns ein gutes Vorbild dafür sein, Geduld zu üben, wenn es um unsere Lebensträume geht und uns zeigen, dass man den Platz des Lebens, den man mit vollem Herzen ausfüllt, auch über Umwege finden kann.

Glasfenster „Pelikan“ – Pfarrkirche

(Maria Sporrer)

Haben Sie schon einmal bei einer Sache oder einem Menschen gesagt: Dafür gebe ich mein Herzblut?

Bei dem Glasfenster aus der Beichtkapelle, das ich Ihnen heute vorstellen darf, geht es auch um Herzblut, wie wir sehen. Aus Naturbeobachtungen folgerte man nämlich in der Antike, dass der Pelikan seine Jungen mit dem eigenen Herzblut füttert.

Und tatsächlich sieht es fast so aus. Pelikane schlingen ihre Nahrung (meist Fische)herunter. Bei der Fütterung ihrer Jungen würgen sie diese wieder hervor, dabei wird die Brust des Pelikans oft mit Fischblut verschmutzt, so dass es aussieht, als würde der Pelikan sein Herzblut geben. Aus dieser Beobachtung heraus wurde der Pelikan in der christlichen Kunst zum Symbol für Christus. Denn wir glauben, dass er, im wahrsten Sinne des Wortes, sein Herzblut für uns Menschen gegeben hat.

Interessanterweise sehen wir diese Darstellung des Pelikans auf einem Granatapfelbaum. Den Granatapfel finden wir öfter in der Bibel – übrigens auch im Koran. Biblisch ist der Granatapfel ein Symbol für Fruchtbarkeit und Leben (Hld 4,13; 4,3). Zugleich steht der Granatapfel für den Reichtum eines Landes. Im Buch Numeri ist uns überliefert, dass die Kundschafter, die Mose von der Wüste aus in das das gelobte Land schickte, Granatäpfel als Kostprobe aus dem gelobten Land mitbrachten (Num 13,23).

Im christlichen Orient weist der Granatapfel außerdem auf reichen Gottessegen und himmlische Liebe hin.

Wenn man diese Deutungen zusammenfasst, ergibt sich dann aus diesem Glasfenster nicht eine wunderbare Botschaft für uns? Jesus Christus gibt aus Liebe zu uns Menschen sein Herzblut, um uns ein Leben zu schenken, dem der Tod nichts mehr anhaben kann. In seiner Nähe dürfen wir im Reichtum leben – vielleicht nicht immer im materiellem Reichtum, aber seine Liebe schenkt uns dieses „Mehr" für die Seele. Und aus dieser Liebe heraus dürfen wir leben und wachsen – geborgen in Gottes reichem Segen.

Kommen Sie doch einmal vorbei in unsere Pfarrkirche und lassen Sie sich – gerade wenn die Sonne durch dieses Fenster scheint – von Gottes Liebe umfangen.

Die Heiligen Öle – Pfarrkirche

(Bernhard Reber)

Am Montag der Karwoche werden sie durch unseren Bischof im Dom zu Regensburg geweiht: die Heiligen Öle für den liturgischen Gebrauch während des ganzen Jahres.

In der sogenannten „Chrisammesse" versammeln sich zahlreiche Gläubige, um diesen festlichen Gottesdienst mitzufeiern. Anschließend werden die Heiligen Öle in die Pfarreien gebracht. Bei uns stehen sie in der Pfarrkirche beim Taufbrunnen.

Drei verschiedene solcher Heiliger Öle gibt es: das Katechumenenöl, das Krankenöl und den heiligen Chrisam.

Das Katechumenenöl kommt in unserer Pfarrei eigentlich nicht zum Einsatz. Es ist das Öl für die Taufbewerber. Früher und auch heute, wenn Erwachsene getauft werden, dann empfangen sie die Salbung mit dem Katechumenenöl. Sie werden damit offiziell in den Kreis derer aufgenommen, die sich auf die Taufe vorbereiten.

Das Krankenöl wird häufig gebraucht. Wenn jemand schwer krank ist, eine Operation vor sich hat oder sich krank fühlt kann er/sie den Priester der Gemeinde rufen, der dann mit dem/der Betreffenden und auch gerne den Angehörigen einen Gottesdienst mit

Krankensalbung feiert. Dieser Ritus geht zurück auf den Jakobusbrief, in dem es heißt: *„Ist einer von euch krank? Dann rufe er die Ältesten der Gemeinde zu sich; sie sollen Gebete über ihn sprechen und ihn im Namen des Herrn mit Öl salben. Das gläubige Gebet wird den Kranken retten, und der Herr wird ihn aufrichten; Sünden werden ihm vergeben." (Jak 5,14).*

Früher hieß diese Salbung „letzte Ölung"; Gott sei Dank hat das Konzil hier eine wichtige Korrektur vorgenommen, denn es ist kein Sterbesakrament, sondern ein Sakrament zur Gesundung und Heilung. Auch die Gläubigen sehen es so und bitten um diese Salbung.

Das Chrisamöl findet Verwendung bei der Tauffeier, bei der Firmung, bei der Weihe zum Priester oder Bischof sowie bei der Weihe eines Altares und der Apostelkreuze. Es ist Olivenöl mit Duftstoffen. Die Christen sollen – so das Anliegen dieser Salbungen – durch ihr Wirken den „Duft der Frohen Botschaft Gottes" verströmen.

Zwei Impulse gebe ich Ihnen gerne mit:

- Ich bin in der Taufe und in der Firmung mit dem „Duftöl der Freude" gesalbt worden; gelingt es mir, mein Christsein so zu leben und die Frohe Botschaft zu verströmen?
- Die Krankensalbung soll auch unsere Kranken in den Mittelpunkt rücken. Das Gebet für sie lege ich uns dieses Mal besonders ans Herz.

Madonna mit Schmerzen – Pfarrkirche

(Maria Sporrer)

Hier darf ich Ihnen eine Figur aus unserer Pfarrkirche vorstellen, die schon einen Umzug hinter sich hat, nämlich aus der Alten Kirche in unsere neue Pfarrkirche. Man findet sie etwas versteckt in unserer Beichtkapelle: die Muttergottes, dargestellt als Mater Dolorosa, als Schmerzensmutter.

Gerade in Zeiten, die von großen Unsicherheiten geprägt waren, erfreute sich diese Darstellung der Muttergottes großer Popularität. In Maria sieht man die Frau, die weiß, wie es ist, sich unermessliche Sorgen zu machen, die weiß, wie sich menschliches Leid anfühlt.

Passt diese Darstellung nicht sehr gut in unsere Zeit? In eine Zeit, die geprägt ist von der Unsicherheit mit dem Umgang einer noch nie so dagewesenen Pandemie; in eine Zeit, die mit so viel Leid durchzogen ist: Krankheit, Tod, Einsamkeit, finanzielle Problematiken, Beziehungsabbrüche.

Es scheint, als würde sich das alles in dieser Figur der Mater Dolorosa widerspiegeln.

Maria richtet in ihrem Leid den Blick nach oben. Sie betet. In diesem Abschnitt möchte ich Ihnen den Anfang eines Mariengebetes mitgeben, das ich sehr gerne mag:

Ich geh, wenn ich traurig bin,
zur lieben Muttergottes hin.
Und alle Leiden, allen Schmerz
vertrau ich ihrem Mutterherz.

Der Sohn in seiner Leidensnacht
hat sie als Mutter uns vermacht,
uns helfen ist ihr Mutterpflicht,
Maria, sie vergisst das nicht.

Manch Herz ist an Erbarmen reich,
Mariens Herz ist keines gleich.
Des Kindes Leid, des Kindes Schmerz
fühlt nur so recht ihr Mutterherz.

Drum geh', hast du betrübten Sinn,
nur gleich zur Mutter Gottes hin,
und alles Leid und allen Schmerz
erzähle ihrem Mutterherz!

Aus dem Wallfahrtslied von Maria Vesperbild (mit freundlicher Genehmigung)

Möge Maria uns helfend beistehen; möge sie, die selbst Schmerz und Unsicherheit kennt, uns durch diese Zeit der Unsicherheiten führen und als Fürsprecherin für uns bei ihrem Sohn eintreten.

Die Kreuzwegstationen – Pfarrkirche

(Bernhard Reber)

Das Gebet schlechthin in der Fastenzeit ist die Andacht des „Kreuzweges“. Bei uns in der Pfarrei feiern wir in der Regel in der Fastenzeit immer freitags den Kreuzweg in der Alten Kirche und sonntags in der Pfarrkirche.

Die Kreuzwegstationen in der Pfarrkirche sollen in diesem Abschnitt Gegenstand der Betrachtung sein.

Diese Andachtsform hat ihren Ursprung in Jerusalem. Dort gibt es die Via Dolorosa, die schmerzensreiche Straße. Jenen Weg also, den Jesus von seiner Verurteilung bis zur Kreuzigung gehen musste. Diesen Weg zeichnen unsere Kreuzwegstationen nach.

Seit dem 16. Jahrhundert wird der Weg Jesu in 14 Bildern dargestellt, beginnend mit der Verurteilung bis zur Kreuzigung. Die 13. und 14. Station wurden etwas später hinzugefügt – jene Momente nach dem Tod, als Jesus vom Kreuz abgenommen und in den Schoß seiner Mutter gelegt und dann zu Grabe getragen wird.

In unserer Pfarrkirche ist der Kreuzweg aus 14 Holztafeln gefertigt. Die Grundplatten sind 80x60 cm, darauf mittig aufgesetzt das um 3 cm erhöhte Bild der Station, das 40x60 cm misst. Die Tafeln sind aus Lindenholz gefertigt und geschnitzt vom Weidener Bildhauer Mauermann. In der Fastenzeit im Jahre 1957 wurden die Bildnisse in die Pfarrkirche eingebaut und erstmals dieser Kreuzweg gegangen.

Der Bildhauer hat bei der Ausarbeitung der Kreuzwegstationen bewusst eine Dreiteilung gewählt, auch Triptychon genannt – ein deutlicher Hinweis auf die Dreieinigkeit Gottes.

Das geschnitzte Bild in der Mitte ist erhöht, links vom Bild ist jeweils ein vergoldetes Kreuz, rechts in der Darstellung, ebenfalls in Gold, die römische Ziffer der jeweiligen Kreuzwegstation.

Ich lade Sie herzlich ein, die Stationen zu betrachten, Jesus auf seinem Leidensweg zu begleiten und vor allem sich seine Liebe zusagen zu lassen, aus der er diesen schweren Weg für uns gegangen ist.

Das Kirchenportal – Pfarrkirche

(Bernhard Reber)

Die meisten Besucher*innen unserer Pfarrkirche betreten das Gotteshaus vom Seiteneingang her.

Haben Sie sich schon einmal ganz bewusst den Bilderzyklus angesehen, der Sie beim Hineingehen begrüßt? Fünf zentrale Bilder der Heiligen Schrift begegnen uns dort.

Links oben: die Botschaft des Engels an die Hirten bei der Geburt Jesu; wir sehen den Stern von Bethlehem und der Engel weist den Weg. Rechts oben dann die Taufe Jesu: der Geist Gottes kommt auf Jesus herab. In der Mitte zentral: Jesus beim letzten Abendmahl. Dieses Geheimnis steht am Gründonnerstag besonders im Fokus der Betrachtung. Jesus schenkt sich seinen Jüngern in den Zeichen von Brot und Wein, und so bleibt er auch unter uns gegenwärtig.

Links unten das Karfreitagsgeschehen: Jesus gibt sein Leben für seine Freunde hin, was uns der Pelikan noch einmal verdeutlicht, der im Mittelpunkt der Betrachtung auf Seite 90 steht. Rechts unten der Auferstandene mit dem Hahn – nochmals der Hinweis auf die Verleugnung durch Petrus. Unten mittig eine Traube und eine Ähre – Brot und Wein als die zentralen Gaben, die wir in jeder Messfeier darbringen.

Diese Reliefs zeigen aber nicht nur biblisch und heilsgeschichtlich wichtige Momente; sie haben eine Botschaft für uns heute:

So möchte der Engel auch uns auf Jesus Christus verweisen. In der Kirche finden wir viele Gelegenheiten dazu: in der Stille, im Hören des Wortes, in der Feier der Gottesdienste.

Die Taufszene erinnert an unsere eigene Taufe: uns wurde der Geist Gottes geschenkt; seine geliebten Kinder sind wir!

Der Hahn mag unsere Sünden symbolisieren und unsere Schwächen, unser Fallen. Der Auferstandene aber schenkt Vergebung und Verzeihung – das Sakrament der Versöhnung wird in der Kirche angeboten.

Die Kreuzigung als Zeichen der Liebe, die Christus uns schenkt.

Und das Abendmahl: jene zentrale Feier unseres Glaubens, die wir in jeder Messe begehen: Tod und Auferstehung Jesu Christi.

Ich möchte Sie einladen, sich einmal bewusst vor dieses Portal hinzustellen und sich diese Gedanken noch einmal zu Herzen zu nehmen.

Die Kreuzigungsgruppe – Pfarrkirche

(Vijay Vutukuri in Zusammenarbeit mit Bernhard Reber)

Ich möchte Ihnen heute erzählen, wie mich dieses Bild berührt.

Im Johannesevangelium hören wir: *„Bei dem Kreuz Jesu standen seine Mutter und die Schwester seiner Mutter, Maria, die Frau des Klopas, und Maria von Magdala. Als Jesus die Mutter sah und bei ihr den Jünger, den er liebte, sagte er zur Mutter: Frau, siehe, dein Sohn! Dann sagte er zu dem Jünger: Siehe, deine Mutter! Und von jener Stunde an nahm sie der Jünger zu sich.“ (Joh 19,25-27).*

Wenn ich diese Worte lese, erscheint vor meinen Augen die wunderbare Kreuzigungsszene, die in unserem Altarraum an der Südwand hängt. Wenn wir die Kirche betreten, sehen wir diese riesigen Figuren.

Worauf zielt die ganze Szene?

Bevor Jesus stirbt, hinterlässt er, so können wir sagen, ein „Testament".

Zuerst wendet er sich an seine Mutter: *„Siehe, dein Sohn!"* Dann erst an den Jünger: *„Siehe, deine Mutter!"*

Der Jünger, den Jesus liebte, steht hier als Repräsentant, als Inbegriff der "glaubenden Kirche", der Gemeinschaft der Glaubenden. Das heißt: Johannes repräsentiert einen jeden Menschen – Sie, dich und mich.

Und Maria, die Mutter Jesu? Wofür steht sie? Sie steht gewissermaßen als "Mutter der Kirche". Jesus bildet hier mit seinem „letzten Willen" eine Gemeinschaft, zu der auch wir gehören, zur Kirche. Johannes nahm Maria als seine Mutter, damit ist sie zu unserer Mutter geworden, und wir sind ihre Kinder. So dürfen wir vertrauensvoll zu ihr gehen und um ihre Hilfe bitten in unseren Sorgen und Nöten.

Nehmen wir die Kirche besonders mit in unser Gebet hinein: Heute, wo sich wegen ihrer menschlichen Verfehlungen viele von ihr abwenden. Und beten wir dafür, dass die Kirche als Heil aller Menschen erkannt wird, und dass wir treu – wie Maria und Johannes – mit den anderen tapferen Frauen unter dem Kreuz stehen; denn im Kreuz ist Heil, im Kreuz ist Leben, im Kreuz ist Hoffnung.

Die Pietà – Pfarrkirche

(Maria Sporrer)

Kennen Sie den Moment im Leben, in dem alles still zu stehen scheint? Wenn einem bewusst wird, dass ein Lebenstraum geplatzt ist, für den man sich so leidenschaftlich eingesetzt hat, wenn eine Liebe nach noch so großer Anstrengung endgültig zerbrochen ist oder ein Mensch, für den wir alles getan hätten, stirbt. Nach der Zeit der großen Anstrengung kommt plötzlich eine unheimliche Ruhe, eine Stille, ein Zusammenbrechen.

All das spiegelt sich für mich in der Figur der „Pietà" wider, die wir in der Kriegerkapelle unserer Pfarrkirche finden. Maria, die ihren Sohn geliebt hat, die ihre Hoffnungen auf ihn gesetzt und alles für ihren Sohn getan hat, hält ihn nun tot in ihren Händen. Ihr Schoß, auf dem einst das Christuskind saß, auf dem sie

Jesus vielleicht gehalten hat, um ihn zu trösten, er hält nun die tote Hülle.

Würde unsere Glaubensgeschichte hier stehen bleiben, ergäbe sie wenig Sinn. Dieses Zusammenbrechen, diese Stille und das aushalten müssen dieser Stille ist zwar ein schwerer, aber wohl auch notwendiger Baustein für ein neues Leben.

Denken wir nur an das Beispiel der Raupe, die sich munter fröhlich durchfrisst, bevor plötzlich alles still steht. Denn, sobald die Verpuppung beginnt, sieht unser Auge nur, dass alles tot zu sein scheint, brach liegt. Und doch geschieht in dieser Hülle unvorstellbares, bis aus dieser Hülle neues Leben hervorbricht. Ein Schmetterling, der nicht mehr einfarbig durch das Leben kriecht, sondern bunt und beschwingt durch die Lüfte fliegt.

Und so glauben wir es ja auch von Jesus. Sein neues Leben, das stärker ist als der Tod, dieses Leben, das er ja auch allen schenken will, die an ihn glauben, feiern wir schließlich nach den stillen Tagen an Ostern.

Was könnte das für uns und unsere Zeit, die gerade still zu stehen scheint, bedeuten? Vielleicht, dass auch wir den Mut und die Kraft haben, diese Stille, dieses aushalten müssen, durchzuhalten, verbunden mit der Hoffnung, dass nach dieser Zeit eine neue Zeit anbricht. Eine Zeit, in der alle Verkrustungen abfallen und wir mit neuen Schwingen durch das Leben fliegen können.

Der Auferstandene – Alte Kirche

(Bernhard Reber)

In diesem Kapitel möchte ich mit Ihnen den Auferstandenen in der Alten Kirche betrachten.

Von wann und von wo diese Figur genau stammt ist ungewiss. Es wird aber vermutet, dass sie, wie die andere Innenausstattung auch, vom damaligen Kloster Prüfening mitgebracht wurde.

Leider fällt diese Figur kaum auf, steht sie doch im Schatten des wuchtigen Seitenaltarbildes von der Entschlafung des Heiligen Josef. Umso schöner, dass wir sie jetzt in den Mittelpunkt der Betrachtung rücken. Die Auferstehung Jesu ist für uns Christen der Urgrund unseres Glaubens.

Wir hören es in der Osternacht und auch am Ostertag, und wir hören es die ganze Osterzeit: Christus ist auferstanden!

Es war zwar niemand dabei, als es geschah. Doch diese rettende Tat Gottes für Jesus und für alle Menschen wird seit dem ersten Osterfest bezeugt. Der Auferstandene erscheint in menschlicher Gestalt. Er begegnet seinen Freunden, und diese Begegnung verändert. Die Auferstehungszeugen sind so gepackt von diesem bahnbrechenden Ereignis, dass sie unbedingt davon erzählen müssen. So Gewaltiges haben sie erlebt, dass sie weder den Tod noch die Qualen des Martyriums fürchten. Sie können nicht anders als ihr Leben danach ausrichten.

Die Figur in der Alten Kirche bringt wunderschön zum Ausdruck, was Ostern bedeutet. Christus, mit den Wundmalen, in der Sieger-Pose. Die rechte Hand erhoben wie zum Schwur auf die Treue Gottes. Die Siegesfahne in der linken Hand. Der Auferstandene steht auf dem Erdball, die Schlange, die hier für das Böse und alles Übel, letztlich für den Tod, steht, unter seinen Füßen. Die Bedeutung ist offensichtlich: die ganze Welt ist vom Bösen befreit. Christus hat gesiegt, er hat den Tod besiegt, und diesen Sieg hat er für alle Menschen errungen.

Der Apostel Paulus lädt ein, diese einfache und doch so unfassbare Botschaft ins eigene Leben zu übertragen, indem er schreibt: *„Wenn du mit deinem Mund bekennst: Jesus ist der Herr – und in deinem Herzen glaubst: Gott hat ihn von den Toten auferweckt, so wirst du gerettet werden.“ (Röm 10,9).*

Lasst uns diesen Sieg Jesu feiern, an Ostern, jeden Sonntag, jeden Tag – und bekennen auch wir uns zum Auferstandenen.

Die Osterkerze 2021 – Pfarrkirche

(Maria Sporrer)

In der Lichtfeier der Osternacht ist sie das zentrale Element: die Osterkerze. Es ist jedes Jahr ein besonderer Moment für mich, wenn die Osterkerze in die dunkle Kirche getragen wird und der Ruf „Lumen Christi" – „Christus, das Licht" durch die stille Kirche schallt. Vor allem auch dann, wenn das Licht weitergegeben und die Kirche Stück für Stück heller wird. Wir zeigen: Jesus Christus hat die Dunkelheit des Todes besiegt – und auch wir können mit ihm alle Dunkelheiten besiegen.

Dieses Jahr 2021 durfte ich die Osterkerze gestalten und ich möchte Sie etwas an meinen Gedanken bei der Gestaltung teilhaben lassen.

Sehr bald entschied ich mich für das Schiff. Es steht in der christlichen Kunst für die Kirche, für alle glaubenden Menschen. Der Schiffsmast hat die Form eines Kreuzes. Das Geschehen auf Golgota wird außerdem angedeutet durch die Segel, die als Leinentücher dargestellt sind und durch die fünf Nägel, die die Wunden Christi darstellen.

Dennoch bleibt Jesus Christus Sieger über das ganze Geschehen. Das deuten uns die Sonne, die sich ihre Bahn bricht, und die Nägel in gold, die für die verklärten Wunden stehen, an. Abgerundet wird die Osterkerze mit Alpha und Omega sowie der Jahreszahl.

Sie fragen sich vielleicht, warum ich mich für diese Symbolik entschieden habe.

Nun, unser Schiff des Lebens fährt immer wieder durch stürmische Gewässer, was die Wellen, die gegen das Schiff schlagen, symbolisieren sollen. Nicht nur die Corona-Situation macht uns Angst, auch Diskussionen und Entscheidungen innerhalb der Kirche schaukeln sich immer wieder hoch. Vielleicht gibt es auch in unserem eigenen Leben Dinge, die nicht immer glatt laufen.

Aber dennoch dürfen wir voller Hoffnung sein: Unser Mast, mit dessen Hilfe unser Kirchenschiff oder auch unser eigenes Leben angetrieben wird, ist und bleibt Jesus Christus. Daher ist der Mast als Kreuz dargestellt. Jesus ist Alpha und Omega: Mit ihm nimmt unsere Geschichte den Anfang und er wird bei uns sein, alle Tage, bis ans Ende der Zeiten. Und auch dieses Jahr, das Jahr 2021, soll ganz Jesus Christus gehören.

Wenn manche Wunden auch bleiben werden und nicht jede Welle von uns ferngehalten wird, dürfen wir uns dennoch festhalten an Jesus Christus. Sein Kreuz ist zugleich das Siegeszeichen, das auch uns durch schwere Momente helfen will. Darauf dürfen wir uns stützen. Und mit ihm, mit Jesus, dürfen wir vertrauen, dass auch wir durch die größten Stürme unseres Lebens sicher kommen werden.

Die Stuhlwangen – Pfarrkirche

(Maria Sporrer)

Hand aufs Herz: Wüssten Sie spontan, aus welcher Kirche diese Holzvertäfelungen stammen, und wo wir sie in der Kirche finden? Tatsächlich halte ich mich öfter daran fest, wenn ich die Kniebeuge mache, aber einen richtigen Blick waren sie mir bisher noch nie so wirklich wert, was ich jetzt fast ein wenig bedauere. Ich spreche von unseren Stuhlwangen in der Pfarrkirche. Sie umrahmen unsere Sitzbänke, die uns im Gebet im wahrsten Sinne des Wortes tragen, und sie geben uns durch ihre Zeichen und Symbole verschiedene Glaubensaussagen mit auf dem Weg. Ersichtlich wird dabei, dass unser Glaubensleben, ja allgemein unser Leben, aus sehr vielen Mosaiken und verschiedenen Momenten besteht, ist doch jede Bank mit einem anderen Symbol verziert.

Ein paar Motive, die mir besonders gut gefallen, habe ich hier zusammengestellt.

So finden wir zum Beispiel auf einer Bank ein Schiff, das uns unsere Gemeinschaft untereinander erahnen lässt und zeigt, dass wir gemeinsam auf dem Weg zu Gott sind.

Eine andere Bank ist von einem Hahn eingefasst, der uns auf die Verleugnung durch Petrus verweist – auch wir sind Menschen mit Schwächen und Fehlern.

Wieder eine andere Reihe wird vom Maria-Monogramm eingerahmt. Maria ist eine von uns und steht an unserer Seite.

Der Anker mit dem Kreuz erinnert uns an die Hoffnung, die wir als Christen mit Jesus haben dürfen.

Trauben und Ähren, die für Brot und Wein stehen, erinnern an das heilige Mahl, in dem uns Jesus immer wieder ganz nahe kommen und uns stärken will.

Diese und noch viele andere Symbole finden Sie an unseren Sitzbänken.

Ja, unser Leben ist vielfältig, alles gehört dazu, Stärken und Schwächen, Freude und Leid. Diese Vielfalt spiegelt sich in unseren Stuhlwangen wider. Mit ihnen kommt auch zur Geltung, dass jeder Moment seinen Platz vor Gott hat, und dass Gott bei uns ist – in allen Situationen unseres Lebens.

Besuchen Sie doch einmal unsere Pfarrkirche und suchen Sie sich Ihr Lieblingsmotiv aus.

Die Monstranz(en) – Pfarrkirche

(Bernhard Reber)

An Ostern feiern wir die Freude über die Auferstehung Christi. Er hat den Tod besiegt, er hat allen Menschen neues Leben erworben und damit auch für unser irdisches Leben neue Hoffnung und Zuversicht verbreitet.

Und: er hat uns versprochen, dass er immer bei uns bleiben wird, bis zum Ende der Zeiten.

Dieses Versprechen löst er ein! Seine Nähe dürfen wir immer wieder erfahren: in seinem Wort, das er an uns richtet; in der Gemeinschaft der Glaubenden; und ganz besonders auch dann, wenn wir ihn in der Eucharistie feiern. Im Zeichen des Brotes kommt er bei der Kommunion zu uns, und in diesem Zeichen bleibt er auch bei uns. Zu ganz großen Festen und zu besonderen Anlässen wird daher auch diese seine bleibende Gegenwart im Sakrament der Eucharistie in feierlicher Form in der Monstranz gezeigt.

Vor allem zur Fronleichnamsprozession wird Christus in der Monstranz (lat. „monstrare“: zeigen) durch die Straßen unserer Gemeinde getragen. Wir „zeigen“ damit, dass ER in unserer Gemeinde Heimat hat, dass er unser „Allerheiligstes“ ist.

In unserer Pfarrei haben wir drei Monstranzen: eine ganz neue und moderne werde ich hier nicht vorstellen. Unsere älteren Monstranzen sind jedoch abgebildet.

Die Monstranz rechts oben stammt aus dem Jahre 1739 und ist eine Gabe aus Bruckdorf. Im Fuß ist – kaum noch lesbar – eingraviert: „zu Ehren der hl. Mutter Gottes Maria auf Sinzing hergeschenkt von Georg Alkofer und Walburga Alkoferin Bauer und Bäuerin in Bruckdorf Ao 1739.“

Eine schöne alte, ganz silberne barocke Monstranz ohne Inschrift wurde im Jahre 1899 von Pfarrer Sagstetter erworben.

Allen unseren Monstranzen ist gleich: Oben sehen wir ein Bildnis von Gott Vater, darunter die Taube für den Heiligen Geist. Und dann kommt eine Glasscheide, durch die die konsekrierte Hostie sichtbar wird, also Jesus Christus selber. Aus edlem Metall und edlen Steinen, weil ER unser „Allerheiligstes“ ist.

Ich möchte Sie heute schon einladen, gerade am Fronleichnamsfest durch Ihre Teilnahme und Verehrung deutlich zu machen, dass Christus in unserer Pfarrgemeinde zu Hause ist. Und im Tabernakel ist er ebenfalls gegenwärtig, aber nicht zur Anbetung ausgestellt. Aber ein betender Besuch dort lohnt sich.

Mariä Himmelfahrt – Alte Kirche

(Maria Sporrer)

Jetzt geht es noch einmal in unsere Alte Pfarrkirche und ich lade Sie ein, mit mir das Deckengemälde zu betrachten, das unser Patrozinium „Mariä Himmelfahrt“ wunderschön darstellt.

Mariä Himmelfahrt ist das älteste bekannte Marienfest; wir feiern es am 15. August. Eingeführt hat es Cyrill von Alexandrien im 5. Jahrhundert. Im Jahre 1950 erklärte Papst Pius XII. per Dogma, dass Maria mit Leib und Seele in den Himmel aufgenommen wurde.

In der Bibel finden wir über die leibliche Aufnahme Mariens in den Himmel keine Texte, umso ausführlicher dagegen in den apokryphen Evangelien. Nach diesen ist unser Deckenbild in der Alten Kirche auch gestaltet.

Betrachten wir es genauer, so sehen wir die zwölf Apostel dargestellt. Sie sind um den Sarg Mariens versammelt. Einer der 12 Apostel ist übrigens nach dem damaligen Pfarrer Reithmeier gestaltet. Sie sehen ihn ganz rechts und erkennen ihn am Priestergewand und dem roten Umhang.

Interessant sind die Ausdrucksformen der zwölf Männer. Während einer trauernd auf dem Boden kauert, suchen mindestens zwei andere im leeren Grab und deuten verständnislos in den Sarg.

Bei manchen scheint es noch nicht sicher zu sein, für welche Blickrichtung sie sich entscheiden sollen. Und doch beginnen die ersten schon hinauf zu schauen, hin zu deuten, wo sie Maria vermuten. Nicht mehr in der Dunkelheit des Grabes, nicht mehr in den Wolken der Trauer, die über der ganzen Szenerie hängen, sondern sie schauen ins Licht, schauen hinauf zur Herrlichkeit des Herrn, in die nun Maria auch ganz eingeht. Und sie nehmen Abschied von ihr. Tief gerührt fasst sich ein Jünger – wir vermuten, es ist Johannes – an sein Herz.

Ist das nicht ein wunderschönes Bild – mit seiner Aussage dahinter? Als erster der Menschen erfüllt sich an Maria, was wir von Jesus in der Osterzeit feiern und was auch wir für unsere lieben Verstorbenen und für unsere eigene Zukunft erhoffen: ein Leben einst ganz bei Gott.

Freilich gibt es auch in unserem Leben manchmal den traurigen Blick nach unten, den fragenden Blick zur Seite – aber Gott sei Dank auch den hoffenden Blick nach oben, den Blick ins Licht, den Blick zu Gott. Diesen hoffnungsvollen Blick wünsche ich Ihnen von ganzem Herzen.

Der Auferstandene – Aussegnungshalle

(Vijay Vutukuri in Zusammenarbeit mit Bernhard Reber)

Heute möchte ich Ihnen eine Figur vorstellen, die wir in unserer Aussegnungshalle finden und die mir sehr viel Mut und Kraft gibt: der Auferstandene! Bei Beerdigungen steht genau darunter der Sarg oder die Urne eines Verstorbenen. Daneben versammeln sich die Angehörigen und die Gemeinde.

Ich interpretiere dieses Bild für mich so: Der Auferstandene Christus richtet seine Augen zum Sarg, weil er den Verstorbenen ruft und gleichsam mit in seine Auferstehung hinein nimmt. Die linke Hand Christi lädt ein: „Komm! Komm mit mir! Ich weiß den Weg!“ Die rechte Hand zeigt nach oben, in die Zukunft eines Verstorbenen im Leben bei Gott, in den Himmel. Ein wunderbares Bild, das Trost und Hoffnung schenkt angesichts des Todes eines lieben Menschen.

Genau das will auch der Spruch in der Glasfront der Friedhofshalle sagen: Hier begegnet uns ein Ausspruch Jesu aus dem Johannesevangelium. Jesus ist im Gespräch mit Marta; soeben ist ihr Bruder Lazarus verstorben. Auf die Aussage, wonach Jesus leider etwas zu spät gekommen ist, antwortet er: *„Ich bin die Auferstehung und das Leben. Wer an mich glaubt, wird leben, auch wenn er stirbt.“ (Joh 11,25).*

Diese Begegnung zwischen Jesus und Marta ist ein Bild für die Begegnung von uns Menschen mit unserem Gott. In dieser Szene ist Marta sehr traurig; sie leidet unter großen Abschiedsschmerzen, und Jesus tröstet sie. Er gibt Mut, Kraft und Hoffnung. Jesus sagt: *„Warum bist du traurig? Ich bin die Auferstehung und das Leben. Wer an mich glaubt, wird leben, auch wenn er stirbt. Glaubst du das?“*. Marta antwortet: *„Ja, Herr, ich glaube. Du bist der Messias, der Sohn Gottes.“ (Joh 11,27).* Das Entscheidende dabei ist der Glaube an Jesus, der das Leben in Fülle schenkt und uns Menschen in seine Auferstehung mit hinein nehmen möchte. So wird Marta zum Vorbild eines starken Glaubens.

Wie Jesus Marta getröstet hat, so will er auch uns Zuversicht geben. Gerade dann, wenn ein lieber Mensch aus dieser Welt gehen musste und wir Abschied nehmen müssen, dann sieht uns der Auferstandene an und schenkt uns die sichere Hoffnung, dass unsere Lieben an seiner Hand ihr Ziel beim Vater erreichen. Und auch uns steht diese Zukunft bevor. Vertrauen wir seinem Wort. Vertrauen wir dem Auferstandenen.

Maria Königin – Alte Kirche

(Maria Sporrer)

Aus unserer Alten Kirche darf ich Ihnen eine Königin vorstellen, die nicht von dieser Welt ist – und doch für ihr Volk und ihre Anvertrauten da ist: Maria, unsere Himmelskönigin.

Die biblische Grundlage für die Verehrung Mariens als Königin finden wir im Lukasevangelium bei der Verkündigung der Geburt Jesu. Dort heißt es: *„Gott, der Herr, wird ihm den Thron seines Vaters David geben. Er wird über das Haus Jakob in Ewigkeit herrschen und seine Herrschaft wird kein Ende haben“ (Lk 1,32a-33).* Daraus hat sich dann nach und nach die Glaubensüberzeugung herausgebildet, dass Maria als Mutter des Messiaskönigs ebenfalls als Königin verehrt wird.

Diese Entwicklung zeigt sich vor allem in der Kunst. Anfänglich in schlichten Gewändern dargestellt, wird Maria ab dem 5. Jahrhundert in den Gewändern der Königinmutter gezeigt, spätestens ab dem 8. Jahrhundert wird sie dann selbst als Königin abgebildet und verehrt.

Im hohen Mittelalter wird diese Darstellung schließlich zum beliebtesten Marienbild. Maria wird dabei als Königin verehrt, die ihrem Sohn zwar untertan ist, aber man setzt auf die Macht ihrer Fürbitte für ihre Schutzbedürftigen, die ihr als Monarchin sozusagen vorrangig zusteht. Im Laufe der Demokratisierung wurde das Bild der „Maria Königin“ immer mehr verdrängt. Vielleicht auch als kleine Gegenreaktion legte Papst Pius XII. als Abschluss des Marienjahres 1954 den Festtag „Maria Königin“ auf den 22. August, eine Woche nach Mariä Himmelfahrt.

Maria, unsere Königin im Himmel, die sich für uns einsetzt. Mit einem Lied nach dem Gebet „Salve Regina“, das übrigens schon über 1.000 Jahre alt ist und den Abschluss des täglichen Stundengebetes der Kirche bildet, darf ich diesen Impuls heute beschließen.

Gegrüßet seist du, Königin. Erhab'ne Frau und Herrscherin.
O Mutter der Barmherzigkeit, du unsres Lebens Süßigkeit.
Du unsre Hoffnung, sei gegrüßt, die du der Sünder Zuflucht bist.
Wir Kinder Evas schrein zu dir, aus Tod und Elend rufen wir.
O mächtige Fürsprecherin bei Gott sei unsre Helferin.
Dein mildes Auge zu uns wend und zeig uns Jesus nach dem End.

Freut euch, ihr Cherubim, lobsingt, ihr Serafim,
Grüßet eure Königin. Salve Regina.

Johann Georg Seidenbusch, Gotteslob Nr. 536

Taufbecken – Pfarrkirche

(Bernhard Reber)

Wir bedanken uns ganz herzlich, dass Sie mit uns durch unsere Kirchen gegangen sind und hoffen, Sie konnten gute Impulse mitnehmen, manche Orte neu kennenlernen und vielleicht manches auch noch vertiefen.

Zum Abschluss der Impulsreihe gehen wir mit Ihnen zum Taufbrunnen unserer Pfarrkirche. Ein ganz wichtiger Ort, denn in der Taufe hat unser Weg als Kinder Gottes begonnen. In unserer Taufe wurden wir in die Nachfolge Jesu Christi gerufen. Und in der Taufe ist das an uns ergangen, was Jesus am Ende des Matthäusevangeliums so formuliert hat: *„Geht zu allen Völkern, und macht alle Menschen zu meinen Jüngern; tauft sie auf den Namen des Vaters und des Sohnes und des Heiligen Geistes, und lehrt sie, alles zu befolgen, was ich euch geboten habe. Seid gewiss: ich bin bei euch alle Tage bis zum Ende der Welt." (Mt 28,19-20).*

Zwei Punkte sind hier angesprochen: zum einen der Auftrag, das Evangelium zu verkünden und die frohe Botschaft Jesu Christi weiterzugeben. In unserer Zeit ist das wohl wichtiger denn je. Wie das jede/r einzeln umsetzen kann, darüber lohnt es sich, ein bisschen nachzudenken. Gerade auch die Feier der Auferstehung Jesu, die

Hoffnung auf neues Leben, auf ewige Glückseligkeit … es ist gut, davon zu erzählen und diesen Glauben zu verkünden.

Zum anderen macht uns Jesus am Ende des Evangeliums in seinem letzten Satz noch ein großartiges Versprechen; wir dürfen sicher sein, dass ER alle Tage uns begleiten und an unserer Seite sein wird. – Welch eine wunderbare Zusage, die wir uns immer wieder ins Gedächtnis rufen sollten. Daher gibt es auch den schönen Brauch, dass man sich seiner Taufe erinnert. In der Kirche gibt es die großen Weihwasserbecken, die dazu einladen. Viele Menschen haben aber auch zu Hause ein Weihwasserbecken oder ein Fläschchen mit geweihtem Wasser … eine wunderbare Gelegenheit, mit dem Finger einzutauchen, sich zu bekreuzigen und sich der Taufe bewusst zu werden. Holen Sie gerne dazu Weihwasser aus der Kirche.

Als Kinder Gottes, durch den Tod Jesu Christi und seine Auferstehung erlöst, und ausgestattet mit dem Heiligen Geist gehen wir den Weg in dieser Welt und durch diese Zeit.

Wir wünschen Ihnen Gottes Nähe und seinen Segen.

Ihre Gemeindereferentin
Maria Sporrer

Ihr Pfarrer
Bernhard Reber

Ihr Priesteramtskandidat
Vijay Vutukuri

Anmerkung:

Unser Buch will ausdrücklich keine wissenschaftliche Arbeit darstellen. Bei den Fachinformationen haben wir uns darauf bezogen, was uns aus Studium und privatem Lesen geläufig ist. Dennoch haben wir auch auf Fachliteratur zurückgegriffen, die wir hier gerne angeben möchten, verbunden mit einem Dank an die Autoren und Herausgeber:

Verwendete Literatur

- Hoibl, Karl
  Hl. Kreuz Bruckdorf, Hofmann Druck Regenstauf, 2002.
- Ottlinger, Rudolf
  Sinzing von den Anfängen bis zur Gegenwart, Gemeinde Sinzing, 2005.
- Ottlinger, Rudolf
  50 Jahre Pfarrkirche Mariä Himmelfahrt Sinzing, Pfarrgemeinde Sinzing, 2002.
- Schnelle, Udo
  Die Entstehung und der Inhalt des Neuen Testaments, Theologie Online.
- Gotteslob der deutschen Diözesen
  Katholische Bibelanstalt Stuttgart, 2013.
- Die Bibel – Einheitsübersetzung
  Katholisches Bibelwerk Stuttgart, 2016.
- www.heiligenlexikon.de